JUSTICE ET VÉRITÉ

UN CONFLIT RELIGIEUX

A LA MARTINIQUE

PARIS

IMPRIMERIE GUSTAVE PICQUOIN

53, RUE DE LILLE, 53

—

1897

JUSTICE ET VÉRITÉ

UN CONFLIT RELIGIEUX

A LA MARTINIQUE

PARIS

IMPRIMERIE GUSTAVE PICQUOIN

53, RUE DE LILLE, 53

—

1897

JUSTICE ET VÉRITÉ

UN CONFLIT RELIGIEUX A LA MARTINIQUE

Il y a pour tout homme une heure où le devoir est de parler. La société cherche un coupable; les soupçons atteignent un innocent. Un faisceau d'apparences se dresse et va servir de base à une accusation capitale. Je connais le criminel. Je ne peux plus me taire.

Ainsi l'exige la conscience, à moins de se faire complice par la plus honteuse de toutes les compromissions, celle du silence.

La ville de Saint-Pierre a été douloureusement impressionnée, il y a peu de temps, par un spectacle lamentable. Un journal avait prêté sa publicité à une lettre qu'il affirmait être signée par vingt-huit ecclésiastiques du diocèse. La lettre se terminait par une injonction inconvenante adressée à notre vénérable Évêque. Le Prélat avait mandé près de lui un certain nombre de prêtres individuellement. Dix-neuf se présentèrent ensemble, et, au lieu de se justifier, ils voulurent faire entendre à leur Évêque, leur chef, un irrespectueux réquisitoire contre sa personne et son autorité.

Le vénérable Prélat, offensé par ses subordonnés, s'est redressé dans la dignité de son caractère sacré, mais bon à l'excès il s'est contenté de congédier ses insulteurs.

L'indignation est grande, l'affliction générale. Le sentiment public, blessé dans ses fibres les plus délicates, demande une réparation après cette longue série d'outrages suivie de la plus audacieuse bravade.

Au moment même où s'accomplissait ce déplorable manquement à la première autorité religieuse du pays, une double invitation était adressée à Mgr Carmené au nom du Souverain

Pontife et du Gouvernement métropolitain. Le Prélat était appelé à Rome.

L'instant est grave. Les faits et le droit auront-ils été tellement obscurcis qu'on pourra assister au triomphe de la passion la plus acharnée contre la justice sereine et impassible !

Il est temps que la vérité soit connue et qu'à sa lumière se dissipe enfin le nuage d'iniquités épaissi autour du vénérable Évêque, par l'insubordination orgueilleuse, la calomnie, associées à l'ignorance et à la présomption qui l'accompagne souvent.

Que s'est-il donc passé à la Martinique depuis trois ans, que s'y passe-t-il encore pour que la colère chez quelques égarés, une sensibilité exaltée chez quelques fanatiques aient pu renverser les rôles et étouffer le cri de la conscience publique qui proclame, unanimement, les hautes vertus, la mansuétude, l'humilité, la prudence et l'inépuisable charité du saint Évêque de la Martinique ? Le moment est venu de parler.

La vie de Mgr Carmené est connue. Il est au milieu de nous depuis vingt et un ans, et si, pour parler le langage de la piété catholique, cette existence a été cachée en Dieu, elle s'est écoulée publiquement, à la vue de tous, dans l'accomplissement intégral de son saint ministère. La devise du Prélat a été réalisée chaque jour dans l'application rigoureuse du programme de son pontificat : *Omnibus debitor sum : Je me dois à tous.*

Et de fait le pieux Évêque a été à tous, et tous, tour à tour, l'ont reconnu. Un moment, il y a loin de cela, quelques voix discordantes ont essayé de troubler le concert d'unanime vénération qui entoure le chef du diocèse de son auréole protectrice. Le temps a passé sur ces préventions irréfléchies, et ceux-là mêmes que la passion avait égarés sont revenus au Pontife, heureux de lui rendre, avec tous les autres, l'hommage de leur respect et de leur affection.

Ses œuvres ? Elles sont là vivantes, parlantes, pourrions-nous dire. Les rappeler toutes serait impossible ; mais la reconnaissance et la justice en ont gravé le souvenir dans le cœur du pays, et elles demandent qu'on en signale au moins quelques-unes dans cette suite de bienfaits dus à un fécond apostolat.

En l'année 1876, à la suite de dépenses nécessaires, le diocèse était endetté de 315.000 francs. Peu d'années après, la dette était éteinte sans qu'aucune œuvre eût été abandonnée ou négligée. Le séminaire-collège, cette gloire de notre premier Évêque, n'a pas cessé, malgré la suppression de tout secours administratif depuis vingt ans, de former, chaque année, une nombreuse jeunesse élevée dans le respect des vérités chrétiennes et pourvue de toutes les connaissances exigées pour les diverses carrières de la vie.

Chez Mgr Carméné l'habileté de l'administrateur disparaît pour ne laisser voir que l'homme de la prière, l'Évêque humble et pieux.

En 1890, une des villes épiscopales était anéantie par un fléau dévastateur. Il s'est empressé d'accourir au secours de ses enfants. Lorsqu'ensuite il essayait de décrire le spectacle d'un peuple sans abri et sans pain, campant en plein air sur la place de Fort-de-France, l'émotion lui enlevait la parole. Les sanglots étouffaient sa voix, le gosier ne rendait que des sons inarticulés. Jamais la pitié n'a produit de douleur plus vraie ni trouvé des accents plus déchirants.

Mais le père de la famille catholique a adressé à la France l'appel suppliant de son amour attendri. Et ses collègues de l'épiscopat, émus, eux aussi, à cette voix, ont versé dans ses mains paternelles tout l'or de leurs bourses, des bourses de leurs diocésains. Le conseil municipal avait décidé hardiment la réédification de la ville qui devait surgir en moins de cinq ans de ses cendres, transformée, embellie. L'Évêque assura la reconstruction de l'église. L'aumône était une fortune. Le conseil général, l'édilité, la fabrique, les riches, les pauvres, tous voulurent, à l'envi, répondre à l'appel du Prélat, et Fort-de-France, aujourd'hui à peu près relevée, montre avec fierté sa splendide cathédrale, monument unique dans les Antilles!

Les ravages de l'incendie n'avaient pas encore disparu que l'ouragan s'abattait, furieux, sur notre malheureux pays. Quelle nuit et quel désastre! On ne décrit pas le chaos. Il faut avoir entendu le rugissement de la tempête pour comprendre la puissance des éléments déchaînés. L'Évêque était là, brisé, mais non découragé. Il tourna de nouveau ses regards vers la France. Cette fois, son cri fut un chef-d'œuvre de sensibilité sorti de son cœur plus encore que de sa pensée. La France y a répondu, et depuis, de tous côtés, grâce aux secours sollicités par cette voix de l'amour paternel, grâce aussi, il faut le dire, aux efforts de tous, des assemblées locales, des particuliers, d'un grand établissement de crédit, en même temps que les résidences privées qui furent reconstruites, la demeure de Dieu a pu être relevée à la Martinique. Le créole, religieux au fond, quoique oublieux trop souvent de sa noble origine et de ses immortelles destinées, a revu avec bonheur ses temples abattus par le souffle du 18 août, réédifiés ou restaurés à la voix de son Évêque. *In domum Domini ibimus*, a pu dire le pays : *Nous irons dans la maison du Seigneur*. La réalité est visible : de tous côtés de nouveaux temples, quelques-uns magnifiques, ont été achevés ou s'achèvent, et chaque pierre pourra dire un jour ce que l'Evêque y a mis de son âme et de sa bourse.

Le Morne-Rouge, en particulier, fut sa prédilection. Secondé par la foi et le zèle d'un humble religieux, il a conçu le dessein hardi de rebâtir, en l'agrandissant, le sanctuaire de Notre-Dame de la Délivrande, couché à terre par la tempête. Flèche élancée, élevez-vous plus haut ; cloches sonores, lancez dans les airs vos carillons d'allégresse ; orgues harmonieuses, produisez vos plus riches accords ; voix du chœur, chants délicats des artistes, modulez vos ravissantes mélodies : chantez tous à Dieu l'hymne de la reconnaissance et de l'amour !

Dans l'ordre matériel, Mgr Carméné a fait tout cela, mais cela, c'est ce qu'on voit ; qui racontera ce qu'on ne voit pas ? Et ne demandez pas à l'Évêque de se réserver quelque chose quand il verse son traitement de tout un mois, en addition aux sacrifices antérieurs, pour hâter l'achèvement du sanctuaire. Un Évêque, vous répond-il, doit mourir sans fortune, sans dettes et sans péché ! Sans fortune et sans péché, ah ! oui, on peut le prévoir, et que ceux-là qui en douteraient lèvent la main ! Mais sans dettes, qui peut en répondre devant une immolation où le Pontife trouve quelque chose pour tout le monde et n'oublie que lui seul !

Son Pontificat, déjà long, manquait, par un côté, de ce qui donne aux grandes âmes la consécration du malheur. L'épreuve personnelle, la lutte contre tous les genres d'indignités n'avaient pas encore coloré de leurs reflets vénérables le front auguste de ce vieillard dont la vie, depuis quarante ans, s'est écoulée au service de ces deux grandes causes : l'Église et la France ! L'ingratitude et la révolte devaient s'associer aux fureurs d'une secte tyrannique pour accabler dans ses vieux jours le serviteur de Dieu et de la patrie !

Pourquoi ne le dirions-nous pas ? Les événements qui troublent si profondément la paix religieuse à la Martinique sont peu connus ou tout au moins mal connus, quoi qu'ils aient été bien des fois retracés déjà. Aux récits écourtés qui en ont été présentés par quelques amis dévoués de l'Evêque, il a manqué, à notre avis, une vue d'ensemble où l'exposé des faits, accompagné d'une discussion doctrinale et juridique, rétablisse la vérité méconnue par la passion et mette en plein jour, pour les plus prévenus, le droit et la justice. Malgré notre insuffisance, nous tenterons de combler cette lacune.

Le cadre de ce travail ne nous permettra pas de suivre, à travers une animosité inassouvie après trois ans, toutes les péripéties de cette persécution acharnée. Nous arrêterons l'attention sur les circonstances caractéristiques.

II

Avant l'année 1851, la Martinique était administrée, religieusement, par un simple prêtre auquel le Gouvernement métropolitain conférait le titre de Préfet Apostolique. Revêtu de pouvoirs spirituels peu étendus, le Préfet Apostolique ne pouvait avoir qu'une influence restreinte sur le clergé et la population, en dehors de la légitime autorité attachée à ses mérites personnels. Des négociations heureusement terminées avec le Saint-Siège placèrent, pour la première fois, la Martinique, en même temps que la Guadeloupe et la Réunion, sous la direction d'un Evêque. Un décret du 18 décembre 1850 faisait acceptation et ordonnait la publication de la bulle pontificale qui érigeait l'évêché de la Martinique. Peu de temps après, le 3 février 1851, un second décret organisait les Evêchés coloniaux. Au nombre des textes visés dans le préambule de ce décret on lit :

« Vu les décrets du 18 décembre 1850, portant publication en France « des bulles du Saint-Siège relatives à l'érection et à la circonscription « des trois évêchés coloniaux et à l'institution canonique des évêques; « Vu les lois et règlements en vigueur en France relativement à l'orga- « nisation et à l'exercice du culte catholique. »

Suit le décret dont l'article premier est ainsi conçu :

« Article premier. Les évêchés des colonies de la Martinique, de la « Guadeloupe et de la Réunion sont organisés conformément aux lois « canoniques et civiles et aux autres actes appliqués en France. »

Des deux décrets du 18 décembre 1850 et du 3 février 1851 nous ne voulons retenir, pour le moment, que cette double disposition, à savoir que la bulle du Saint-Siège, constitutive de l'Evêché de la Martinique, ayant été reçue et publiée en France sans protestation, est devenue une loi de l'Etat, par son incorporation au décret de publication, et que l'Evêché de la Martinique est organisé conformément aux lois canoniques et civiles et aux autres actes appliqués en France. Le Gouvernement, en donnant force de loi à la bulle pontificale, ne peut manquer au devoir d'en exiger le respect par tous ses agents.

La création d'un Evêché à la Martinique entraînait celle d'un chapitre. Tout le monde sait ce qu'est un chapitre diocésain. Cette assemblée d'ecclésiastiques éminents par le savoir et les vertus forme le Conseil de l'Evêque. Elle a, en outre, la charge d'accomplir certains offices du culte et de pourvoir à l'administration du diocèse, par la désignation d'un vicaire capitulaire, ou même de plusieurs vicaires capitulaires, lorsque le siège devient vacant par le décès de l'Evêque ou par toute autre cause entraînant la cessation de ses fonctions.

En organisant les évêchés coloniaux, le Gouvernement métropolitain n'avait pas pourvu en même temps à la constitution d'un chapitre dans chacun des diocèses. Le décret du 3 février 1851 laissait à l'avenir le soin de compléter sur ce point l'organisation des trois sièges restée inachevée, probablement par suite de difficultés budgétaires. Toutefois, pour éviter des inconvénients dans le cas où l'un des Evêques coloniaux viendrait à décéder ou à occuper un autre siège avant la constitution des chapitres cathédraux, le décret de 1851, copié, dans la disposition formant son article cinquième, sur la bulle pontificale, s'exprimait de la manière suivante :

« Article 5. Pendant la vacance des sièges, en attendant que l'organisation des chapitres cathédraux permette d'y pourvoir, conformément aux bulles publiées par le décret du 18 décembre 1850, le plus ancien des vicaires généraux, dans chaque diocèse, prendra l'administration du siège vacant. »

L'article 5 se terminait par le paragraphe suivant :

« Cette disposition cessera de plein droit d'être mise à exécution s'il a « été institué un évêque coadjuteur avec future succession. »

Mgr Carmené quittait la Martinique au printemps de l'année

1893 pour se rendre à Rome et en France où l'appelaient les intérêts de son diocèse et le soin de sa santé altérée par les fatigues de l'épiscopat. Contrairement à ce qui avait eu lieu quelquefois dans le passé, il n'était pas accompagné d'un de ses vicaires généraux et il ne remettait pas ses pouvoirs au plus ancien des deux; il se bornait à maintenir ce qui existait, lui présent, à la Martinique. Le diocèse restait partagé en deux archidiaconés, le Nord sous la direction de M. l'abbé Riou, le Sud attribué à M. l'abbé Cudennec, curé de la cathédrale et vicaire général depuis quinze ans, bien avant M. l'abbé Riou. L'Evêque avait pris soin d'aviser son clergé de ces dispositions par une lettre circulaire dont une ampliation avait été adressée au chef de la Colonie.

M. l'abbé Cudennec, premier vicaire général en date, assimilant l'absence de l'Evêque à la vacance du siège, crut voir dans la décision de l'Evêque une violation de l'article 5 du décret du 3 février 1851 qui attribue dans ce dernier cas l'administration du diocèse au plus ancien des vicaires généraux. La division d'un pouvoir qui, selon son interprétation, lui appartenait exclusivement, lui parut, probablement, la négation d'une prérogative réservée à lui seul et un acte désobligeant pour sa dignité. Il ne fut peut-être pas éloigné de penser que Mgr Carmené avait voulu, par condescendance pour M. l'abbé Riou, son neveu, créer à celui-ci, aux dépens de son collègue et de la loi, une situation égale là où le décret de 1851 ne laissait aucune place à la faveur ou à l'influence des sentiments de famille. Imbu de cette idée que de rares précédents paraissaient autoriser avant tout examen, il ne tarda pas à aller plus loin et à considérer le décret du 3 février 1851 comme une mesure concertée avec le Saint-Siège, et sa résistance à la décision épiscopale se fortifia de la conviction qu'en s'appuyant sur un acte du pouvoir civil, conforme à la bulle pontificale dont le décret de 1851 reproduisait à peu près les termes, il défendait en même temps une disposition canonique émanée de la souveraine autorité du Saint-Siège. Il est facile de comprendre ce qu'une telle conviction, associée à l'amour-propre blessé, dut apporter de support à l'opposition faite par M. l'abbé Cudennec à l'acte épiscopal où, pour la première fois, on dérogeait, selon lui, à une interprétation consacrée par l'usage.

M. l'abbé Cudennec représenta à son Evêque l'irrégularité de cette mesure. Mgr Carmené entendit les raisons de son vicaire général. Sa réponse fut que M. l'abbé Cudennec se trompait en appliquant un texte spécial à un cas différent; que le siège ne deviendrait pas vacant par l'absence de l'Evêque, puisque l'absence n'est ni la mort ni l'élévation à un autre siège; qu'absent, il ne cessait pas d'être l'Evêque et d'administrer son diocèse par ses vicaires généraux, ses représentants légaux et ses mandataires choisis; qu'en partageant l'administration du diocèse il n'avait pu vouloir amoindrir la considération de son principal collaborateur, car il lui laissait la même situation qu'il avait, l'Evêque présent; que sa seule intention était de diminuer la charge qu'ajouterait à ses importantes fonctions de curé de la cathédrale, le soin absorbant du diocèse tout entier.

Ces raisons si fortes et, disons-le, si justes, ne changèrent pas la conviction du vicaire général. Il se croyait victime d'un passe-droit, et, pour lui, une loi de l'Eglise et de l'Etat était sacrifiée, à son détriment, à l'ambition d'un neveu influent.

Ces appréciations entachées d'erreur et d'injustice pour le caractère de Mgr Carmené, trouvèrent un écho docile dans un petit groupe d'habitants de la paroisse, très honorables, mais prévenus par des sympathies exclusives, et trop étrangers aux lois canoniques et à la législation relative aux évêchés coloniaux pour n'avoir pas subi l'ascendant d'un ecclésiastique cher avec raison à leurs cœurs et présumé instruit dans la matière.

L'Evêque était parti et après ces murmures perdus dans le respect général pour l'autorité épiscopale, on pouvait croire l'incident terminé.

Ici se place un fait nouveau, extra-légal, et qui est devenu le ferment des malheureuses divisions religieuses où l'exaltation propre au tempérament colonial a aggravé la violence des récriminations. Jusqu'à l'acte dont nous allons parler, on en était à la tristesse dans le camp des partisans de M. l'abbé Cudennec. Celui-ci, extérieurement au moins, et nous croyons pouvoir l'avancer, au fond également, conservait une attitude correcte. Nullement amoindri pour aucun des habitants de sa paroisse et de la Colonie, qui rendaient justice à ses solides qualités sacerdotales et à son mérite, il n'avait pas à souffrir de demeurer, en l'absence de l'Evêque, le collaborateur de celui qui était son collègue depuis six ans. Mais M. l'abbé Cudennec n'était pas resté inactif. Pénétré de ce qu'il croyait être son droit, il s'était plaint à l'autorité civile. Il est possible aussi que certains amis haut placés dans la hiérarchie administrative aient appuyé ses réclamations. Le sous-secrétaire des Colonies crut devoir intervenir.

Nous sommes autant que qui que ce soit respectueux de l'autorité civile et de ses décisions; mais nous professons un respect égal pour la loi, et nous ne nous croyons pas obligés à nous courber devant une mesure échappée à la précipitation. Nous la discuterons avec la déférence due à un haut fonctionnaire très sympathique aux colonies, et en conservant notre indépendance, nous n'oublierons pas l'orateur éloquent qui s'est fait, à la tribune, le défenseur de notre pays.

Arrivé en France Mgr Carmené avait rendu, selon l'usage, visite au sous-secrétaire d'Etat des Colonies, M. Delçassé. Très bien accueilli, l'Evêque n'eut pas à défendre l'acte qui avait soulevé les réclamations de son vicaire général. Il devait se croire approuvé, car il avait eu le soin de communiquer au Gouverneur de la Martinique les dispositions arrêtées pour la direction du diocèse. Le Gouverneur ne pouvait avoir manqué d'informer le ministre. Le silence de M. Delcassé sur ce point et sa courtoisie envers le Prélat qu'il félicita de ses grands services, semblaient indiquer que la décision épiscopale n'était pas discutée au ministère.

Monseigneur se trompait. Il était à Rome quand il reçut de M. Delcassé avis que sa décision était rapportée. Presque au même moment le Gouverneur de la Martinique prenait l'arrêté que nous transcrivons :

« Le Gouverneur de la Martinique,

« Vu le décret du 3 février 1851 relatif à l'organisation des évêchés
« de la Martinique, de la Guadeloupe et de la Réunion;

« Vu la dépêche du sous-secrétaire d'Etat des Colonies, en date du
« 22 mars 1893, n° 72, autorisant à rentrer en France, M. Carmené,
« évêque de la Martinique, parti par le paquebot de la Compagnie
« générale transatlantique le 10 mai dernier;

« Vu les dépêches des 30 mai et 4 juin dernier, n°s 134 et 141, pres-
« crivant de charger M. Cudennec, premier vicaire général, de l'admi-
« nistration du diocèse pendant l'absence de M. Carmené;

« Sur la proposition du Directeur de l'Intérieur,

« Décide :

« Art. 1er. M. Cudennec, premier vicaire général, est chargé de
« l'administration du diocèse de la Martinique pendant l'absence de

« M. l'évêque Carmené. Par suite, les pouvoirs temporels de cet
« ecclésiastique ne comporteront aucune restriction, conformément à
« l'article 6 du décret du 3 février 1851. Il recevra, dans les mêmes
« conditions que M. Carmené, l'allocation de 2,910 francs pour frais de
« visites diocésaines, prévue au chapitre VII du budget colonial. (Ser-
« vice des cultes.)

« Art. 2. Le Directeur de l'Intérieur et l'administrateur du diocèse
« sont chargés, chacun en ce qui le concerne, de l'exécution de la pré-
« sente décision qui sera insérée au *Moniteur* et au *Bulletin officiel*
« de la Colonie.

« Fort de France, le 23 juin 1893. Signé : MORACCHINI.

« Par le Gouverneur : Le Directeur de l'Intérieur. Signé : P. BEAUDU. »

Cela est écrit. On peut en lire la teneur au *Moniteur de la
Martinique* et au *Bulletin officiel*.

Comme on le voit, M. l'abbé Cudennec et ses amis n'avaient
pas perdu de temps. L'Evêque était parti le 10 mai et le 31 du
même mois partait déjà du ministère l'ordre, confirmé le 4 juin,
de nommer M. Cudennec administrateur du diocèse de la Martinique. La mesure ne résultait pas d'un décret du Président de
la République; un vote des Chambres ne l'avait pas autorisée;
le ministre des Colonies lui-même y paraissait étranger : c'était
le sous-secrétaire d'Etat qui brisait d'un trait de plume, non pas
seulement une décision épiscopale, mais, comme on le verra
dans la suite de ce travail, une loi de l'Etat et une bulle pontificale devenue elle-même loi de l'Etat. Une nouvelle disposition
se trouvait ainsi ajoutée au décret du 3 février 1851 : ce n'était
plus l'Evêque qui, en s'absentant, choisirait son représentant,
ce serait le Gouverneur !

M. l'abbé Cudennec rencontrait dans l'arrêté une trop grande
satisfaction pour qu'il en contrôlât le texte au moyen de la bulle
et du décret du 3 février 1851. En fait, il était proclamé administrateur du diocèse par la puissance séculière. Ni lui, malgré
son intelligence et son bon sens ordinaire, ni ses amis n'aper-
çurent la restriction qui faisait de l'arrêté local un acte inopé-
rant. Il avait eu raison contre l'Evêque, comme il apparaissait
au premier aspect, et de la décision de l'Evêque il ne s'embar-
rassait pas, et il prenait publiquement non seulement le titre
d'administrateur, mais l'administration même du diocèse. Peu
préoccupé de ménager son collègue, il se borna à l'aviser que
l'arrêté du Gouverneur l'investissait de l'administration entière
du diocèse et que, désormais, il serait, seul, administrateur.

Devant cet acte de l'autorité civile, si facilement accepté par M. l'abbé Cudennec, M. l'abbé Riou, désireux d'éviter un conflit dont le diocèse aurait à souffrir, s'effaça entièrement et se retira à la campagne. Son ombre même ne pouvait plus gêner M. l'abbé Cudennec.

Mais l'Evêque était de retour à la Martinique par le paquebot arrivé le 8 novembre 1893. Avec d'autres ecclésiastiques de la ville le vicaire général, devenu administrateur d'un diocèse dont l'Evêque était vivant, alla saluer Monseigneur à bord et lui offrit passage dans son canot pour le ramener à terre. Les ecclésiastiques accourus au-devant de leur chef spirituel se joignirent à M. l'abbé Cudennec pour accompagner le Prélat à sa demeure. L'accueil fut très cordial de la part de l'Evêque qui remercia affectueusement les uns et les autres. Le lendemain, Mgr Carmené fit appeler M. l'abbé Cudennec et le reçut dans son cabinet de travail. Là, tous deux assis, l'Evêque, du ton le plus affable, s'adressa ainsi à son vicaire général :

« Comment, [mon cher ami, avez-vous pu prendre le titre d'administrateur du diocèse, quand je suis vivant et que, pendant mon absence, je ne cesse pas d'être l'Evêque? Comment avez-vous pu prendre ce titre quand il n'appartient qu'à celui qui administre le siège, à la mort de l'Evêque ou lorsqu'il est transféré à un autre diocèse? Vous n'avez jamais été administrateur dans ce sens, vous n'étiez que mon vicaire général, mon représentant, ce titre vous suffisait. »

Voilà ce que Mgr Carmené a dit à son vicaire général. Ces paroles n'ont jamais été contestées, l'Evêque les a répétées dix fois, à de longs intervalles, à tous ceux qu'il a entretenus de cet incident, et sans jamais varier. Il s'attendait à une réponse que tout commandait dans la circonstance. Malheureusement elle ne fut pas conforme à son espérance. Le vicaire général, qu'il avait toujours entouré des plus affectueux égards et auquel il avait témoigné jusqu'alors la plus grande confiance, aurait pu lui dire : « Monseigneur, je n'ai pas voulu vous contrarier en prenant ce titre. Le Pouvoir civil me le donnait, vous étiez absent, j'aurais craint de provoquer un conflit. Si cela vous a déplu, ne voyez dans ce que j'ai fait qu'une erreur de bonne foi, mais n'y cherchez pas un acte de rébellion contre votre autorité. »

Mgr Carmené a raconté cet incident dans un document rendu public. Nous donnons certainement le sens sinon le texte de ses paroles. Il n'attendait qu'un mot pour embrasser de nouveau son vicaire général et lui dire : « Qu'il ne soit jamais question de cela ; retournez à votre cure et continuez à y faire le bien que vous y avez fait jusqu'ici. »

Combien regrettons-nous et combien le pays ne regrette-t-il pas qu'un homme aussi avisé que M. l'abbé Cudennec, un prêtre qui, à d'autres mérites, joignait le don d'une habileté souvent heureuse, n'eût pas eu l'inspiration de tenir ce langage à son vieil évêque, à son chef, à son ami !

Mais l'acte de M. Delcassé avait comme rivé dans l'intelligence de M. l'abbé Cudennec cette opinion selon laquelle un diocèse colonial aurait deux évêques, l'un public, connu, exerçant sa charge lorsqu'il est dans le diocèse, mais la perdant quand il s'absente ; l'autre latent et ne surgissant qu'au départ de son chef. Trop satisfait de son succès au ministère pour revenir sur une appréciation que l'autorité civile avait confirmée, il confondit les situations, et oubliant qu'il était un subordonné, il adressa à Mgr Carmené cette réponse altière et dédaigneuse : « Monseigneur, vous « avez vos idées, j'ai les miennes ; vous n'êtes pas infaillible. »

Après ces paroles regrettables la situation était sans issue. Si l'Évêque les eût acceptées sans montrer que c'était lui qui portait la mitre et à lui seul que la crosse pastorale avait été remise, le clergé aurait pu avoir deux chefs. Mgr Carmené ému, mais toujours bon, répondit au vicaire général : « Non, je ne suis pas infaillible, mais c'est vous qui l'êtes alors ? Eh bien ! mon ami, je ne puis vous suivre sur ce terrain. Il ne s'agit pas d'infaillibilité, mais de discipline. Lorsqu'un vicaire général est en dissidence avec son Évêque sur un point aussi important, les convenances lui imposent l'obligation de se retirer. Vous comprendrez la nécessité de vous démettre de vos fonctions de vicaire général. »

« Je ne me démettrai pas, Monseigneur », répliqua M. l'abbé Cudennec, « je n'ai pas démérité. »

L'évêque mit fin à l'entretien. « Nous ne pouvons pas nous entendre, dit-il. Il ne vous reste qu'à vous retirer. Vous apprendrez ce que j'aurai décidé. »

Et dans la journée même, Mgr Carmené lui retirait les fonctions de vicaire général.

III

L'émotion fut vive dans la paroisse et même dans la ville où M. l'abbé Cudennec était aimé pour sa bonhomie, sa rondeur, son abord facile et encourageant. Les ardents ne tardèrent pas à s'exalter. Aux Antilles où les têtes s'échauffent vite, la colère débordait dans le groupe des familiers du curé et l'agitation gagna d'autres personnes qui ne voyaient que la mesure épiscopale et n'avaient aucune connaissance des circonstances qui l'avaient provoquée. Toutefois, ce n'était encore qu'une minorité. Si l'on aimait avec raison le curé, on vénérait également le doux Evêque. Les gens qui raisonnent n'avaient pas de peine à comprendre et à se dire qu'une mesure aussi grave n'avait pu être décidée sans des motifs d'une haute gravité également. L'opinion était partagée. Un très grand nombre de personnes se placèrent du côté de l'Evêque, soit en l'approuvant, soit en se soumettant respectueusement et sans discuter. Mais les fanatiques de M. l'abbé Cudennec n'entendirent à rien. Les récriminations étaient ardentes, violentes même, les appréciations voisines de l'outrage, irrespectueuses pour le moins. C'est de cette manière que des gens très honorables, mais de caractère superficiel, croyaient défendre M. l'abbé Cudennec et faire montre de dévouement. Un jour viendra où l'ancien vicaire général appréciera dans sa réalité la valeur du service que ces amis, si maladroitement inspirés, rendaient à sa cause.

Tout pouvait être réparé, cependant, mais il eût fallu que le vicaire général rentrât en lui-même et se plaçât en face de son devoir sacerdotal, qu'il se rappelât la longue et bienveillante affection de son Evêque, et que laissant de côté tout faux amour-propre et son explication du décret de 1851, il retournât à Mgr Carmené pour retirer une expression malencontreuse, échappée à sa pensée, pour désavouer toute intention offensante, tout esprit de rébellion. Il pouvait faire plus après ce premier acte, si fréquent dans les relations de la vie ordinaire, où des hommes d'un courage éprouvé, accessibles comme tout le monde à la colère ou à l'orgueil, se font, cependant, un devoir de rétracter à l'égard de leurs pairs une parole agressive ou imprudente. Il fallait monter en chaire et, publiquement, condamner les manifestations, injurieuses pour son Evêque, d'un parti fanatisé, manifestations malheureuses où de maladroits amis croyaient venger le curé et ne faisaient qu'aggraver la situation et démontrer l'opportunité de la répression.

M. l'abbé Cudennec qui, loin de s'humilier, se serait grandi devant son Evêque en même temps que devant sa paroisse, ne parut pas comprendre ce noble rôle et ne sut pas prendre cette attitude réparatrice. Il garda le silence, sauf le premier dimanche qui suivit sa révocation, où il parla à l'église, mais pour se défendre contre la mesure qui venait de l'atteindre. A l'entendre, sa conscience ne lui reprochait rien, et longtemps après, alors que de continuels outrages abreuvaient Mgr Carmené, il tenait encore le même langage. Il était difficile qu'un éclat ne s'ensuivît pas.

Il pouvait, cependant, se souvenir d'un grand exemple. En 1875, l'année même où Mgr Fava devait quitter la colonie pour aller gouverner le diocèse de Grenoble, un fait que M. l'abbé Cudennec ne pouvait avoir oublié, avait montré dans un prêtre éminent un autre esprit et une attitude différente. La paroisse de M. l'abbé Cudennec était alors placée sous la direction de M. l'abbé Gosse, ecclésiastique d'un haut mérite, vicaire général également de Mgr Fava. L'Evêque n'avait pas toujours à sa disposition le curé, occupé aux travaux incessants du ministère paroissial. Désireux d'avoir près de sa personne un collaborateur assidu, Mgr Fava demanda à M. l'abbé Gosse d'opter entre ses fonctions de vicaire général et celles de curé de la cathédrale. Il en coûtait beaucoup au vénérable prêtre de se séparer de la paroisse qu'il édifiait depuis douze ans par ses vertus, son zèle sacerdotal et sa charité. Il n'hésita pas et remit sa démission, puis il se fixa à l'Evêché pour y continuer exclusivement ses fonctions de vicaire général. Le jour même où il quittait le presbytère, M. l'abbé Cudennec, qui, un an auparavant, était encore son vicaire, y entrait pour le remplacer. Ce changement, peu prévu, amena des murmures, des appréciations dont le bruit arriva au précédent curé. M. l'abbé Gosse fit savoir que ses pires ennemis étaient ceux qui discutaient l'acte épiscopal, et pour arrêter toute velléité de résistance, il prévint la paroisse qu'il n'admettrait pas à la communion ceux qui, parmi ses pénitents, seraient signalés comme coupables de ces récriminations imprudentes. L'agitation cessa immédiatement.

Il faut bien le dire : M. l'abbé Cudennec laissa faire. Nous n'irons pas jusqu'à penser qu'il approuvait ces manifestations ; nous croyons même qu'il les blâmait, à l'occasion et en secret ; mais son silence pouvait paraître à un grand nombre une approbation ou un encouragement.

Nous perdrions du temps à rappeler tous les outrages dont le vénérable Évêque eut à souffrir. Les uns affectaient de ne plus se rendre à la cathédrale lorsqu'il assistait aux cérémonies ; d'autres refusaient, disait-on, de s'incliner au moment où le Prélat donnait la bénédiction à la fin de la messe ou des vêpres. Les propos outrageants se mêlaient à ces actes d'irrévérence. La presse elle-même s'était mêlée à la lutte pour y apporter sa publicité, et un journal irreligieux se signalait par son attitude agressive. Le vieil Évêque était l'objet des diatribes, injurieuses ou dérisoires, d'un parti courroucé. M. l'abbé Cudennec ne désavouait ni les uns ni les autres. L'année 1894 s'écoula dans ces récriminations. A la fin, l'Évêque, pour éviter que l'outrage n'atteignît sa personne elle-même, avait pris le parti de ne plus se rendre aux cérémonies de sa cathédrale.

M. l'abbé Cudennec avait, cependant, reçu un premier avertissement d'une des sommités de l'Episcopat français. Le vénérable Métropolitain de Mgr Carmené, Mgr Lecot, avait été saisi de la difficulté par l'ancien vicaire général lui-même. La décision de l'éminent Cardinal, présentée avec cette hauteur de vues et cette science des choses ecclésiastiques où l'on reconnaît dans le Prince de l'Eglise un des maîtres de la doctrine, ne laissait aucun doute sur le droit de Mgr Carmené, en évitant toute formule désobligeante pour un prêtre honoré longtemps de la confiance de son Évêque.

Cette sentence décisive, provoquée par M. l'abbé Cudennec, ne le ramena pas. Mgr Carmené s'était trompé, Mgr Lecot pouvait s'être trompé aussi : il n'y avait que M. Delcassé et lui qui eussent vu juste.

Les choses étaient trop tendues pour que les rapports entre le chef du diocèse et le curé de la cathédrale pussent durer. Le clergé qui n'avait pas jusqu'alors ostensiblement manifesté ses tendances, commençait à accuser la division qui a séparé publiquement depuis, en deux camps adverses, des prêtres étrangers au conflit et contre lesquels l'acte de l'Évêque ne rejaillissait pas.

Il est d'usage comme en France, dans le clergé, de se réunir pour faire à l'Évêque, au dernier jour de l'année, une visite

3*

affectueuse où l'un des prêtres du diocèse exprime les vœux de tous. Le 31 décembre 1894, une grande partie du clergé s'était rendue dans ce but à l'Évêché. M. l'abbé Cudennec ne se joignit pas à ses collègues et se contenta d'adresser au Prélat une lettre où ses sentiments étaient exprimés. Voici cette lettre :

« Monseigneur,

« A l'occasion du nouvel an, permettez-moi d'exprimer à Votre Gran-
« deur mes sentiments de profond respect pour Elle et les vœux que je
« forme pour son bonheur pendant l'année qui va s'ouvrir.

« Daignez, Monseigneur, agréer cet hommage sincère et me croire,
« de Votre Grandeur, le très humble et très obéissant serviteur.

« H. CUDENNEC »

Mgr Carmené trouva l'occasion, en recevant cette lettre, d'adresser à son ancien vicaire général, d'affectueux reproches et des avertissements qui auraient dû l'éclairer. Revenant sur tout ce qui s'était passé depuis plus d'un an, le vénérable Prélat s'exprimait de la manière suivante, dans une lettre trop impor-tante pour que nous l'omettions dans notre récit. Nous la trans-crivons malgré son étendue :

Saint-Pierre, le 2 janvier 1895.

Monsieur le Curé,

En réponse aux quelques lignes que vous venez de m'adresser pour m'offrir vos vœux à l'occasion du nouvel an, j'éprouve le regret le plus vif de me trouver dans le cas de vous déclarer très nettement qu'il m'est impossible de croire à la sincérité des sentiments que vous m'exprimez et aux vœux que vous m'offrez !

Comment ai-je pu en arriver là avec vous ? Il n'est pas nécessaire, je suppose, que je vous rappelle quel a été l'ensemble de vos actes à mon égard depuis plus d'une année.

En vous quittant, en mai 1893, pour me rendre en France et à Rome, je vous adressais cette dernière recommandation : « Soyez bien prudent, mon cher ami. Surtout, pas d'aventure pendant mon absence ! »

Au moment où j'étais sur le point d'arriver à Saint-Nazaire, je vous adressais, du bord même du paquebot qui m'avait apporté, une lettre affectueuse, pour vous apprendre que notre traversée avait été des plus heureuses, et pour renouveler mes recommandations pendant mon absence. À Paris, le sous-secrétaire d'Etat des colonies, M. Delcassé, me faisait l'accueil le plus gracieux, et me disait entre autres choses : « Je suis heureux de saluer en vous, Monseigneur, l'un des serviteurs les plus anciens et les plus méritants des Colonies ! »

Je fus donc bien surpris quand j'appris à Rome que, sur des rensei-gnements reçus de la Martinique, ce même M. Delcassé venait d'annuler les dispositions que j'avais prises pour l'administration du diocèse pendant mon absence, pour cette raison que ces dispostions n'avaient été prises qu'en violation du décret organique constitutif de l'Evêché de la Martinique et notamment de l'article 7 de ce décret. Le sous-secrétaire d'Etat ajoutait qu'il était évident, du reste, *qu'il y avait parité entre l'absence de l'Evêque et la vacance du siège.*

A la réception de la lettre du sous-secrétaire d'Etat, je vous écrivais immédiatement de Rome : « Je n'ai pas besoin de vous dire combien je suis affligé de l'étrange mesure qui vient d'être prise par M. le sous-secrétaire d'Etat des Colonies au sujet du dispositif de ma lettre pastorale. Mais il n'entre pas dans ma pensée que vous soyez pour quelque chose dans cette incroyable mesure, j'approuve même que vous ayez accepté, pour éviter un plus grand mal, de traiter tout seul avec l'administration, et j'écris dans ce sens à l'abbé Riou. Mais, mon cher ami, ayez bien soin de ne pas prendre le titre de vicaire administrateur que le Gouvernement veut vous donner. L'Evêque est le seul administrateur de son diocèse, vous êtes mon vicaire général et rien que cela. Du reste, ce titre vous suffit pour remplir votre mission pendant mon absence. »

Or, mon cher ami, non seulement vous n'avez tenu aucun compte de cette grave recommandation, mais vous n'avez pas cessé de signer toutes vos pièces de « vic. adm. », comme si l'Evêque avait été mort ou fût devenu indigne ou fou, et vous avez pris ce titre de vic. adm., même dans les lettres que vous m'adressiez à moi-même ! ! !

A cette occasion, je vous disais dans une dernière lettre que je vous adressais de Cauterets : « Je ne comprends pas, mon cher ami, que vous vous obstiniez, malgré mes observations souvent réitérées, à prendre le titre de *vicaire administrateur.* Qui donc vous a autorisé à prendre un pareil titre que vous ne pouviez prendre que dans le cas où votre Evêque eût cessé de vivre, ou bien qu'il fût devenu fou ou indigne ? A mon retour dans mon diocèse, je serai contraint de vous infliger un blâme. »

Toutefois, à mon retour dans la Colonie, le 8 novembre 1893, je ne manifestai aucun mécontentement contre vous devant le public. Je vous embrassai, au contraire, comme les autres membres du clergé qui étaient venus au-devant de moi. Je descendis même avec vous dans le canot qui vous avait apporté, et je me rendis à la cathédrale avec vous, et je fis une petite prière à côté de vous.

Le lendemain matin, après ma messe, je vous écrivis un mot pour vous inviter à venir à l'Evêché, et, quelques minutes plus tard, je vous recevais dans mon bureau de travail. Voici exactement quel fut l'entretien que j'eus avec vous : « Mon cher ami, vous avez vu qu'hier je n'ai rien manifesté devant le public. Mais, maintenant que nous sommes seuls, je dois vous ouvrir entièrement mon cœur. Je n'ai pas besoin de vous dire combien j'ai été surpris et affligé que vous n'ayez tenu aucun compte des recommandations que je vous ai adressées pendant mon absence, sur divers points de la plus grave importance. Je ne sais quel a été le mobile de votre conduite dans la circonstance; mais j'ai le regret de vous déclarer très formellement que je ne puis que désapprouver et blâmer votre manière d'agir à mon égard, pendant mon absence. »

Je déclare devant Dieu que si vous m'aviez exprimé, en ce moment, la moindre excuse, je me serais jeté immédiatement à votre cou en vous. disant franchement : « Qu'il n'en soit plus question. *Recedant vetera, nova sint omnia!* »

Quelle fut votre réponse aux reproches que je vous faisais ? La voici : « Mais, Monseigneur, vous n'êtes pas infaillible ; vous avez vos idées, et j'ai les miennes! »

Je vous avoue, mon cher ami, que cette réponse me jeta dans une véritable stupeur! Je vous répondis à mon tour : « Nous ne sommes infaillibles ni vous ni moi, et nous ne pouvons nous placer sur ce terrain. Mais quand un vicaire général se met ainsi en opposition avec son Evêque, il n'a qu'à donner sa démission et à se retirer. »

Vous me déclariez immédiatement que vous ne me donneriez pas votre démission; et je vous répondis moi-même qu'il ne me resterait, dès lors, qu'à vous remercier. Et c'est ce que je fis un instant après.

Dans une courte lettre que je vous adressai à cette occasion, je vous disais que je vous laissais dans votre poste de curé de ma cathédrale, et que j'espérais que vous auriez à cœur de vous efforcer d'y faire le bien, après comme auparavant. Ce fut une grande faute de ma part.

A partir de ce moment, en effet, vous avez entrepris contre votre Evêque la triste campagne que tout le monde connaît.

D'abord vous avez porté plainte contre votre Evêque, sans même m'en donner avis, au vénérable Métropolitain de Bordeaux, le cardinal Lecot, qui m'a invité à lui donner quelques renseignements sur la cause de cette plainte, et m'a demandé pourquoi je ne lui avais pas parlé de cette affaire dans une entrevue que nous eûmes ensemble à Bordeaux et à Cauterets. (Si je n'en avais pas parlé au vénérable Métropolitain, c'est que j'étais persuadé que tout s'arrangerait à mon retour à Saint-Pierre).

Vous savez, mon cher ami, que la sentence du Métropolitain vous donna tort sur toute la ligne..... Or, loin de vous soumettre à ce jugement que vous aviez provoqué vous-même, vous avez prétendu qu'en lisant entre les lignes, il était facile de voir que le Métropolitain n'avait pas voulu humilier un vieillard!!!, mais qu'il ne vous avait pas réellement condamné! C'est là, mon cher ami, le raisonnement de tous ceux qui ne veulent pas reconnaître leurs torts. Aussi, vous n'en avez pas moins continué de *cabaler* sourdement contre votre Evêque, votre supérieur et père en Notre-Seigneur.

Je ne ferai pas ici le fastidieux récit de cette guerre malheureuse. Vous avez surtout lancé contre moi *quasdam de stultis mulieribus* (Job), et ces prétendues dévotes..... ont poussé la rage jusqu'à me menacer de venir mettre le feu à l'Evêché et de me jeter des pierres, comme on l'avait fait à mon saint prédécesseur, Mgr Le Herpeur!

Ce n'est pas tout, hélas! Vous avez semé la division dans le clergé de la colonie. *Omne regnum divisum desolabitur*, nous dit Jésus-Christ lui-même. Que la division ait été introduite dans le clergé, c'est là, malheureusement, une chose plus claire que la lumière du soleil. Le mal est immense : c'est un véritable schisme.

Je ne dois pas vous cacher, mon cher ami, que j'ai pensé plus d'une fois à prononcer contre vous l'interdit qui est appelé, dans le droit canon, le nerf de la discipline ecclésiastique. Quelques-uns de mes vénérables frères de l'Episcopat m'ont même engagé à recourir à cette mesure, mais j'ai toujours reculé devant cette mesure extrême ; au tribunal du souverain Juge, j'aime mieux avoir à répondre de trop d'indulgence que de trop de sévérité.

Mais je vous avertis que si vous persévériez à semer le trouble dans la population et la division dans le clergé, je me verrais dans la pénible obligation d'user envers vous de toutes les sévérités de la discipline ecclésiastique : ma conscience d'Evêque m'en ferait un devoir ; la crosse de l'Evêque est *intorta ut attrahat et acuta ut penetret*.

Pour le moment, je ne puis que prier Dieu de vous éclairer et de vous donner des idées plus saines de la subordination envers vos supérieurs.

Signé : JULIEN.

Cette lettre si grave, si mesurée, si affectueuse envers celui que le vénérable Evêque, en lui faisant de paternels reproches, appelait encore son ami, ne brisa pas la cuirasse d'acier dont M. l'abbé Cudennec enveloppait sa résistance. Il n'y répondit rien, ou plutôt il y fit la réponse qui suit :

Saint-Pierre, le 4 janvier 1895.

Monseigneur,

A la suite de la conversation que je viens d'avoir avec le R. P. Prono, je me décide à demander à Votre Grandeur l'autorisation de rentrer en France en congé, par le paquebot du 10 de ce mois. J'ai d'ailleurs droit à un congé administratif.

Veuillez, je vous prie, Monseigneur, avec cette autorisation, m'envoyer un *celebret*.

Daignez agréer, Monseigneur, l'assurance de mon profond respect.

Signé : F. CUDENNEC.

M. l'abbé Cudennec s'embarqua pour la France sur le paquebot parti le 10 janvier 1895. Pourquoi ce voyage ? Qu'allait-il faire en France ? Les deux années écoulées depuis nous l'apprendront peut-être, mais, nous le craignons, sans que le nom de cet ecclésiastique ait grandi, excepté pour ceux-là qui, sans étude et sans réflexion, se sont fait, par sympathie personnelle, ses défenseurs maladroits, et qui, devenus ses guides, l'ont précipité de la haute et légitime considération acquise dans trente années d'un sacerdoce plein d'œuvres et de mérites. Nous avouons que notre main tremble en entrant dans ce côté douloureux de notre travail.

IV

En quittant la Martinique dans les circonstances où se plaçait son départ, M. l'abbé Cudennec, qui n'avait pas trouvé une seule parole pour effacer la malheureuse impression produite par son attitude au retour de l'Evêque, devait comprendre que sa situation était devenue impossible en face du chef du diocèse, justement offensé des procédés de son vicaire général. Dans deux lettres au Gouverneur et au Ministre des Colonies, Mgr Carmené faisait savoir que l'ancien vicaire général partait sans esprit de retour, selon ce que M. l'abbé Cudennec lui avait fait dire, et qu'il se proposait de prendre sa retraite. Quelques semaines après, l'ancien vicaire général était remplacé à la cure de la cathédrale.

Mais ses partisans n'étaient pas désarmés, et depuis ce moment Mgr Carmené eut plus à souffrir, soit de quelques-uns de ses diocésains, soit du ministère des Colonies. Le journal où se déversaient les récriminations des fanatiques de M. l'abbé Cudennec ne tarissait pas d'outrages, tandis que les autres feuilles publiques gardaient le silence. Mgr Carmené avait demandé à ses amis de ne pas le défendre, aimant mieux subir l'injustice et l'injure que de livrer son caractère aux passions de la polémique. Cette guerre à coups d'épingle satisfaisait les rancunes d'un parti dans lequel le retour de M. l'abbé Cudennec, toujours espéré mais jamais réalisé, continuait d'être annoncé comme certain par le paquebot attendu d'Europe.

Mais si les amis de M. l'abbé Cudennec usaient ici leur encre et leur colère, en France, au ministère, une guerre plus sérieuse et plus habilement conduite, visait à une fin bien faite pour venger l'ancien vicaire général. Cet ecclésiastique avait perdu ses doubles fonctions. Il fallait à ses partisans deux victimes explatoires. M. l'abbé Riou devait être sacrifié le premier, l'Evêque aurait son tour plus tard.

Qui menait cette campagne, au profit de qui était-elle entreprise? Ce n'est pas à nous de répondre. Lorsque nous aurons achevé d'exposer toutes les phases de cette douloureuse persécution et les moyens dont elle se servit, le lecteur pourra conclure, s'il le veut.

Pour arracher M. l'abbé Riou d'une situation que sa vénération pour un Pontife doublement cher lui avait imposée plus que son ambition n'avait dû l'envier, on eut recours à un expédient souvent employé dans nos révolutions. M. l'abbé Riou n'avait jamais encouru le moindre reproche de son Evêque ou de l'autorité civile ; mais pour les gens habitués à juger de tout sans rien examiner, le véritable auteur de nos dissensions religieuses, c'était le neveu de l'Evêque. Complètement omnipotent, selon eux, rien ne se faisait que par lui à l'Evêché. Tout le mal venait de l'entourage du Prélat. C'était ce qu'on disait de Louis XVI, de Charles X, de Louis-Philippe. Ils ont remercié leurs meilleurs serviteurs, et leurs successeurs se couchaient le soir ministres ou agents du Roi et se réveillaient le lendemain ministres de la République ou d'un autre gouvernement. Le vénérable Evêque ne pouvait pas sacrifier un prêtre qui lui était dévoué comme un fils. M. l'abbé Riou résolut de se retirer lui-même. Il partit pour la France, décidé à résigner ses fonctions, mais il désirait rendre auparavant le ministre juge de sa conduite.

Le neveu était en France, c'était quelque chose, mais l'oncle restait dans son diocèse. A ce moment se place un incident qui démontre que tous les moyens étaient bons pour renverser de son siège épiscopal le vénérable Evêque de la Martinique. Après l'ordre donné par M. Delcassé de remplacer l'Evêque absent, comme on remplace un subalterne, par voie d'arrêté local, l'action administrative ne s'était presque pas fait sentir. Dans le courant de l'année 1895, la guerre fut déclarée publiquement dans les bureaux du ministère. Mgr Carméné comprenait, à un mauvais vouloir évident, qu'on lui refusait les prêtres nécessaires au culte. Le service ecclésiastique devenait impossible dans beaucoup de paroisses. N'ayant rien à se reprocher, il fit savoir que si le cadre du clergé n'était pas complété et si le refus de combler les vides était dirigé contre lui, il ne pourrait accepter une situation qui ferait de sa personne un obstacle au bien. Son ministère ne pouvant plus être exercé, il préférerait se retirer.

Ce dut être une joie vive dans les bureaux dévoués à M. l'abbé Cudennec. Mais la joie trouble l'esprit comme la peur et la colère lorsqu'elle agite des natures mal pondérées. On crut tenir en mains la démission du Prélat, et, immédiatement, partit de Paris une dépêche adressée au Gouverneur chargé d'en transmettre la teneur à Mgr Carméné. Nous la transcrivons :

Monsieur le Gouverneur,

J'ai l'honneur de vous informer que M. Carmené, évêque de la Martinique, vient de m'annoncer qu'il est prêt à donner sa démission et demande que le Gouvernement s'entende avec le Saint-Siège, pour la nomination de son successeur.

Je vous prie de vouloir bien faire connaître au Prélat qu'il a été pris acte de sa détermination qui a été portée à la Cour de Rome par l'intermédiaire de notre ambassadeur auprès du Vatican.

Des négociations sont en outre entamées en vue de son remplacement sur le siège de la Martinique.

Recevez, etc.

Mgr Carmené vit clair dans le jeu de ses adversaires. Le procédé ne manquait pas d'une certaine habileté. Si l'Évêque, oubliant la forme conditionnelle donnée à sa lettre, avait cru les choses trop avancées pour revenir en arrière, sa démission devenait une réalité. Il en aurait renouvelé la formule, non plus comme une éventualité que les entraves apportées à son ministère pastoral pouvaient décider, mais comme une nécessité imposée par les circonstances. Et la démission effective reçue à Paris allait être portée à la connaissance du Saint-Père. Le tour était joué !

Le moyen échoua complètement. L'Évêque prit le paquebot en partance après réception de la dépêche ministérielle. C'était le 30 septembre 1895. Une foule considérable l'accompagna au rivage. Vingt-cinq jours après, il était reçu par le ministre des colonies, M. Chautemps. Homme d'opinions politiques avancées, disait-on, M. Chautemps est un honnête homme. Il a du savoir-vivre. Il reçut l'Évêque avec une grande courtoisie, s'étonnant de tout le bruit fait autour d'une question si simple, où, pour la retraite d'un vicaire général, quelques têtes s'étaient montées contre le chef du diocèse. Le Ministre exprima seulement le désir que, pour ne pas fournir de prétexte à de malheureux dissentiments, Mgr Carmené se résignât à une séparation commandée par la nécessité de la paix religieuse. M. l'abbé Riou devait se retirer. C'était déjà chose décidée sinon accomplie. Le ministre demanda alors au Prélat de présenter à l'agrément du gouvernement deux nouveaux vicaires généraux. Il répondit que l'un d'eux était déjà accepté et il désigna en second lieu un vénérable ecclésiastique, curé d'une petite ville de Bretagne. Le député de la circonscription connaissait bien M. l'abbé Leleux. Son appréciation, très favorable, suffit au Ministre qui invita Mgr Carmené à s'entendre avec ses deux vicaires généraux pour se rendre à la Martinique. De son côté, M. Chautemps devait préparer le décret de nomination et le soumettre à là signature du Président de la République.

Une fatalité devait, semble-t-il, en dépit des bonnes volontés, s'acharner à cette malheureuse question. L'entretien avec le ministre avait eu lieu le 25 octobre. Trois jours après, le cabinet était renversé. Dans un nouveau ministère, M. Guiyesse avait le portefeuille des colonies.

Le moment était venu pour Mgr Carmené de retourner à la Martinique, qu'il avait quittée pour expliquer de vive voix au ministre le sens d'une lettre mal comprise. Après son entrevue avec M. Chautemps, il n'était plus question de sa démission. Fort de ce qui avait été arrêté avec ce dernier, il écrivit à son successeur pour annoncer son prochain départ et solliciter l'envoi d'ordres nécessaires pour que son passage et celui de M. l'abbé Riou fussent assurés sur un des prochains paquebots. M. Guiyesse n'approuvait pas ce qu'avait fait son prédécesseur. Il répondit à l'Évêque d'attendre. La saison était déjà avancée. Mgr Carmené n'osait pas entreprendre le voyage de Rome, qui n'était pas sans danger, selon les médecins. Il s'adressa au Saint-Père et demanda conseil. Le Pape lui fit savoir que son désir était qu'il rentrât au plus tôt dans son diocèse. L'hésitation n'était pas possible. Mgr Carmené informa M. Guiyesse de son intention de partir le 10 décembre. Il ne restait que le temps nécessaire pour les préparatifs du départ. L'Évêque faisait observer que l'hiver était commencé et que ne pouvant différer son retour, il partirait au besoin à ses frais et il prit la route de Saint-Nazaire où il arriva le jour même où le paquebot devait quitter le port.

Cette fois, le spectacle changea. De la comédie à intrigues, nous passons à une répétition en petit de nos grands drames historiques. Le souvenir de Nogaret de la Valette, de Philippe-le-Bel, de Napoléon troublait, ce semble, le sommeil du Ministre. Haut dignitaire de la franc-maçonnerie, vénérable d'une des principales loges de la capitale, initié, par conséquent, à tous les secrets de la terrible secte, il tenait pour la première fois un Évêque dans sa main. Pour s'élever aux grades supérieurs dans l'association, il n'avait probablement fait montre que de sentiments hostiles au catholicisme et à l'Eglise. L'occasion lui était fournie d'abattre une de ces têtes abhorrées par la secte.

En arrivant à Saint-Nazaire, Mgr Carmené se rendait aux bureaux de la marine afin de connaître ce que le ministre avait décidé au dernier moment. Il eut la stupéfaction de recevoir en communication une dépêche conçue à peu près en ces termes :

Défense à M. Carmené et à M. Riou de partir pour la Martinique.

On se refusera, nous le craignons, à admettre l'existence de ce document ; mais ce qui va suivre en démontrera l'authenticité. Le Prélat s'embarqua sur le paquebot qui fit route. Le ministre voulut avoir le dernier mot. Voici comme il s'y prit. Il existe un cable télégraphique entre la France et la Martinique, et le budget grassement pourvu par la bourse des contribuables est assez riche pour payer des ordres télégraphiques où l'on chercherait inutilement l'intérêt de l'Etat. Le paquebot arrivait à Saint-Pierre le 21 décembre 1895. Le capitaine de port se rendit immédiatement à bord et remit à l'Évêque un pli du chef de la colonie.

L'urbanité et la courtoisie sont trop dans les habitudes de M. Pardon pour que sa lettre à Mgr Carmené ne contînt pas des félicitations à l'occasion de son heureux retour. Mais ces prévenances délicates n'étaient que le miel de la communication gouvernementale. L'absinthe venait ensuite. L'Évêque était informé que son traitement était supprimé à compter du jour de son départ et que M. l'abbé Riou était rayé du cadre. Rien de plus, rien de moins. Aucune décision du Conseil d'Etat, pas de décret présidentiel. *Sic volo*, disait le ministre, et c'était tout. Mais c'était un coup de maître, et, le soir, après l'envoi de la dépêche, à la loge de la *Clémente Amitié* ou à toute autre, on a dû saluer d'une triple batterie le F.·. énergique qui, n'ayant pu mettre la main au collet de l'Évêque, avait trouvé moyen de la porter sur sa bourse. C'était moins régalien et gallican, mais il faut le reconnaître, c'était plus... franc-maçon.

Voilà donc désormais l'Évêque de la Martinique remplissant sa charge et privé de son traitement ; un traitement assuré par une suite de lois et de constitutions de 1791 à 1801, garanti par le plus grand acte de ce siècle, le concordat, spécialement stipulé par la bulle d'organisation devenue loi de l'Etat et enfin voté par les Chambres ! Et comme les contraires ne sont pas toujours identiques, quoi qu'en dise l'école allemande, on assure que dans le même temps, l'ancien vicaire général, remercié par son Évêque, déchargé par conséquent de ses fonctions, continuait d'en recevoir les émoluments !

L'Évêque revenu à la Martinique et Nogaret ayant manqué son coup, il fallut changer de tactique. Le Ministre n'était pas embarrassé. Ce qu'il y avait de mieux à faire, c'était de réduire peu à peu le cadre du clergé martiniquais, de manière à faire craindre la suppression du culte. Les moyens ne manquaient pas. Si le Ministre n'était pas très familier aux canons de l'Eglise et au décret du 3 février 1851, il avait probablement des notions suffisantes de la théorie du « bon plaisir », dont nos rois, au grand scandale des libéraux modernes, complétaient leurs ordonnances. Ah ! l'Évêque ne veut pas se démettre ! Il nous échappe ! Il accepte de mourir de faim ! Il faut essayer autre chose. Un vénérable de Grande Loge ne peut s'avouer vaincu par un des fauteurs de l'obscurantisme. Frappons les fidèles et les prêtres. Vite une nouvelle dépêche au Gouverneur : « Prenez trois prêtres, X., Y., Z., dites-leur qu'ils sont rayés du cadre de la Martinique, et embarquez-les, deux pour Cayenne, l'autre pour la Réunion. *Car tel est mon bon plaisir...* »

Ce coup de force devait porter. L'Evêque était averti que peu à peu, tous ses prêtres lui seraient retirés, — ceux-là, bien entendu, qui ne discutaient pas l'acte de novembre 1893. Le culte menacé d'extinction, Mgr Carméné ne pourrait pas tenir.

Les trois ecclésiastiques arrivèrent à Paris et se présentèrent au Ministre. « Comment ! disent-ils, vous nous déportez, Monsieur le Ministre ; mais nous sommes entièrement étrangers à ce qui s'est passé. Nous sommes également soumis à l'autorité religieuse de laquelle nous dépendons et à l'autorité civile qui ne nous a jamais rien reproché. Nous sommes, deux d'entre nous, les enfants du pays, nous y avons nos familles ; cet exil ne frapperait pas que nous seuls, ils frapperait aussi des innocents. D'ailleurs la loi organique nous protège. Aucun prêtre ne peut être déplacé ni enlevé au diocèse sans accord avec l'Evêque. Est-ce que l'Evêque a demandé notre expulsion ? »

Le Ministre, qui est franc-maçon, n'est peut-être pas un méchant homme au fond. Il n'avait rien à répondre : « Restez en France, leur dit-il, cela s'arrangera. Je vous accorde un congé. Nous verrons après. Et voilà les trois ecclésiastiques, coupables seulement de fidélité à leur Evêque, obligés, quoiqu'en très bonne santé, de se mettre pour quelque temps au régime forcé de la villégiature ou d'une saison à Vichy. En même temps on retenait en France les prêtres en congé régulier. Une sollicitude bien touchante leur était témoignée. Demeurez encore ici, leur disait-on. Le moment n'est pas favorable pour retourner à la Martinique. La fièvre jaune y sévit.

En réalité, c'était le vide que l'on voulait faire autour de l'Evêque. Tous ceux qui n'avaient pas pris parti pour M. l'abbé Cudennec étaient suspectés de résistance au pouvoir civil. Mais le Prélat n'était pas effrayé. L'intimidation ne réussissait pas.

On se résigna à user de persuasion. Le Ministre n'eut pas le temps de continuer ses prévenances. Le ministère Bourgeois, y compris M. Guiyesse, sombrait avec l'impôt global. Au-dessus des flots soulevés par la tempête parlementaire surnageait un nouveau cabinet. M. Lebon était accroché à une épave : le ministère des Colonies. L'honorable M. Méline était président du Conseil. Conservateur convaincu, politique modéré, mais formé à la vieille école de Sully et de Colbert, M. Méline fait tout dépendre de la maxime trop étendue du premier. « Labourage et pâturage sont les mamelles de l'Etat. » Pour lui quand l'agriculture de son département va, tout va, comme disait du bâtiment le député Nadaud. C'est un protectionniste. Le nouveau ministère tenait à rassurer les coffres-forts, encore émus de l'impôt sur le revenu. Pour faire tête au courant contraire, il était nécessaire de sacrifier quelqu'un ou quelque chose. Ce n'était pas difficile : il n'y avait qu'à continuer la pratique inaugurée depuis vingt ans et à jeter à l'eau ce cléricalisme qui est toujours, paraît-il, l'ennemi. Et la loi d'abonnement dut être appliquée comme si elle était une mesure de justice et d'égalité. On rencontrait un Evêque récalcitrant ! On s'en débarrasserait à tout prix. Mais tous les moyens devaient échouer. Deux jeunes prêtres, récemment ordonnés, enfants de la Martinique, préparés au sacerdoce dans le petit séminaire-collège de la Martinique, élevés sous les regards de Mgr Carmené qui avait favorisé leurs études au Séminaire Colonial, n'avaient pas obtenu grâce. L'Evêque attendait ces jeunes lévites pour en faire l'ornement et l'espérance de son clergé. On ne les arrachait pas au diocèse seulement, on les enlevait à leurs familles pour les attacher à la Guadeloupe. Tout ce qu'ils purent obtenir, ce fut de passer quelques jours au foyer familial avant de s'exiler.

L'intimidation et la violence reconnues impuissantes, on pensa pour la première fois à user de l'influence des conseils affectueux. De divers côtés des personnages haut placés écrivaient à leurs amis de la Martinique : « Dites donc à votre Evêque qu'il ferait un acte de sagesse en donnant sa démission. Il assurerait ainsi la paix religieuse. Ce sacrifice n'est pas au-dessus de son dévouement. On lui créerait en France une situation honorable où il pourrait se reposer de son long apostolat et d'un épiscopat de vingt ans. » On essayait d'allécher le Prélat. Quant à lui, ne demandant rien, subissant tout sans se plaindre, il ne cessait de répéter : « Je ne puis me retirer que sur l'ordre ou le conseil du Saint-Père. »

Dans le même ordre d'idées, mais avec des moyens différents, nous nous heurtons à un acte dont les annales ecclésiastiques n'ont pas souvent fourni l'exemple. Que le clergé ému de la situation faite à son vénérable Evêque, attristé par l'attitude de l'ancien vicaire général et préoccupé de la nécessité de ramener la paix dans les âmes, eût essayé auprès de ce dernier une démarche unanime pour l'amener à rétracter tout ce qu'il avait pu dire ou faire lui-même et à désavouer tout ce qui avait été entrepris à cause de lui contre Mgr Carméné, en d'autres termes que le clergé, intervenant dans le différend, eût pressé avec chaleur M. l'abbé Cudennec de faire un acte de condescendance et de soumission qui n'aurait été, après tout, que le devoir rigoureux d'un prêtre, tout le monde eût compris l'intervention et l'eût approuvée.

Hélas ! Il faut bien le dire : non seulement ce n'est pas ce qui a été fait, mais c'est le contraire qu'une partie du clergé a cru pouvoir oser.

Une adresse portant les signatures de vingt-sept prêtres a été remise à Mgr Carméné. Nous la reproduisons en entier :

Monseigneur,

Un groupe de prêtres de votre diocèse, profondément et respectueusement dévoués envers leur Evêque, ont formé la résolution de présenter humblement et loyalement à Votre Grandeur une supplique qui leur est inspirée par leur conscience, leur amour du bien et l'intérêt d'un pays cher à tous.

Les difficultés qui vous sont survenues à l'occasion des mesures que vous aviez adoptées en confiant l'administration de votre diocèse à vos deux vicaires généraux, durant votre pèlerinage *ad limina* (lettre du Cardinal Rampolla) se sont aujourd'hui multipliées et aggravées. La division a engendré la division, la proscription amène la proscription. Les événements actuels démontrent, au delà de toute évidence, que la voie suivie jusqu'à ce jour est absolument funeste. La confusion règne dans les esprits, le trouble dans les consciences ; la foi de plusieurs est ébranlée, la révolution religieuse est au milieu de nous. D'autre part, le Gouverneur, s'appuyant sur la loi, paraît décidé, pour la faire respecter, à employer tous les moyens en son pouvoir. On ne peut prévoir quelle suite de malheurs menacent la Religion de ce pays.

La clé d'une solution pacifique, Monseigneur, est entièrement entre vos mains. Le remède à une si grande anarchie ne peut être que dans l'union générale des cœurs.

Vous avez écrit dernièrement au Saint-Père ces belles paroles : « Je déclare que si mon vicaire général m'avait fait la plus petite excuse, je l'aurais embrassé immédiatement avec effusion, en lui disant : *Recedant vetera, nova sint omnia;* oublions cela, mon cher ami, et soyons amis de nouveau à l'avenir comme par le passé. »

Cette RÉCONCILIATION, Monseigneur, se FERA quand Votre Grandeur le VOUDRA. Il n'est jamais trop tard pour opérer le salut d'un pays. Que Votre Grandeur déclare qu'elle CONSENT A TENDRE à son ancien vicaire général une MAIN CORDIALE ET GÉNÉREUSE; qu'elle le fasse SIMPLEMENT SANS RESTRICTION; QU'ELLE LE RÉTABLISSE DANS TOUTES LES CHARGES QU'IL OCCUPAIT SI HONORABLEMENT dans le diocèse ; qu'elle mette de nouveau en lui toute son estime, toute sa confiance.

Nous croyons pouvoir vous affirmer que M. l'abbé Cudennec, mis au courant de la présente démarche, s'empressera d'y souscrire complètement, et ainsi, par des moyens si conformes aux enseignements de Notre Divin Maître, nous ne tarderons pas de voir la concorde se rétablir parmi les prêtres et les fidèles, et avec un gouvernement qui, au fond, ne poursuit pas d'autre but.

Le retour des uns arrêtera le départ des autres; les calamités prêtes à fondre sur notre colonie seront conjurées: le calme rentrera dans les cœurs, l'harmonie dans les rapports; la justice et la charité brilleront d'un nouvel éclat devant les populations, et tout le pays, témoin d'un spectacle si touchant et si chrétien, bénira celui qui aura mis un terme à ses divisions et à ses maux.

Dans l'espoir que vous voudrez bien tenir compte de la grave démarche que nous avons pris la liberté de faire auprès de vous, Monseigneur, nous vous prions, en même temps, d'agréer les sentiments de grande vénération avec lesquels nous sommes, de Votre Grandeur, les très humbles et très obéissants serviteurs.

Ce document était signé de vingt-sept prêtres, au nombre desquels Mgr Carmené eut la douleur de compter un ecclésiastique éminent par la vertu, l'intelligence et le savoir. Où peut aller l'aberration si vingt-sept hommes, diversement doués, peut-être, mais tous instruits et élevés à l'école de l'obéissance et de l'humilité, pouvaient intervertir les rôles et se croire le droit de conseiller à leur Évêque l'abdication en face d'une insubordination attestée dans cette adresse et dont cette adresse elle-même était, peut-être, une involontaire démonstration!

Arrêtons-nous quelques instants devant ce grave document. Grave, en effet, par le rang élevé et la carrière auguste de celui à qui il était adressé ; grave par les titres et les fonctions de ceux qui l'ont signé ; grave par la démarche qui en faisait l'objet et par les fins auxquelles il tendait !

Non, ce n'était pas à l'ancien vicaire général que les vingt-sept signataires de la supplique demandaient de se rétracter ! Reprenons leur idée. « Vous avez écrit dernièrement au Saint-Père ces belles paroles : Je déclare que si mon vicaire général m'avait fait la plus petite excuse, je l'aurais embrassé immédiatement avec effusion, en lui disant : Oublions cela, mon cher ami, et soyons unis de nouveau à l'avenir comme par le passé. »

Les signataires rappellent à l'Évêque ces paroles généreuses mais conditionnelles : « J'oublierai tout si....... » Qu'ils lisent l'adresse !

« *La division a engendré la division, la proscription amène la proscription. Que Votre Grandeur déclare qu'elle consent à tendre la main à son ancien vicaire général; qu'elle le rétablisse dans toutes ses charges,........* Nous croyons pouvoir affirmer que M. l'abbé Cudennec, *mis* au courant de la présente démarche, s'empressera d'y souscrire complètement. »

En d'autres termes : « Demandez d'abord pardon à votre ancien vicaire général; rendez-lui toutes ses fonctions; nous le connaissons : nous vous promettons qu'il vous pardonnera!...

O maladroits amis! Mais, en signant cette pièce, les vingt-sept signataires n'ont donc pas compris qu'ils fournissaient sans le savoir des armes contre leur protégé! Ne pouvait-on pas penser en les voyant faire si bon marché de leur chef reconnu, qu'ils livraient, peut-être, le secret d'une puissance rivale et occulte, et n'était-ce pas donner ainsi à la révocation de l'ancien vicaire général la plus éclatante justification! Que prouverait ce document pour des yeux malintentionnés? C'est que si Mgr Carmené avait le titre, un autre avait le pouvoir; si l'un avait des subordonnés, l'autre avait des partisans... L'un des deux devait s'effacer. Était-ce l'Évêque ?

Mgr Carmené ne répondit pas aux signataires. Que pouvait-il répondre, si ce n'était pour les accabler. Mais son silence voilait une grande douleur. Aussi longtemps que la lutte était restée circonscrite à quelques exaltés sans caractère et sans mission, il avait tenu en profonde pitié les énergumènes qui lui prodiguaient l'outrage, les plaignant plus encore qu'il ne les blâmait, et déplorant l'erreur de ces esprits aveuglés par le fanatisme inintelligent. Mais après cette démarche d'une portion de son clergé, le Prélat fut pris d'une grande tristesse. Il se tut. Il attendait de Dieu la justification de ses actes, du temps le retour de ses prêtres à des sentiments plus dignes d'eux-mêmes. Le calice n'était pourtant pas vidé. Le vénérable Evêque devait boire encore de nombreuses gouttes d'amertume dans lesquelles les rancunes, l'ignorance, la révolte et la persécution allaient s'associer pour un dernier effort.

Notre douleur est vive, et c'est la honte au front que nous allons retracer les suites d'un acharnement que n'a pas désarmé la calme sérénité du saint Evêque.

V

Au ministère, on voulait avoir le dernier mot. Mgr Carmené reçut avis de se rendre au chef-lieu où le gouverneur désirait l'entretenir. L'entretien ne dut pas être long. Une dépêche du Ministre fut communiquée à l'Evêque. Elle invitait le Gouverneur à faire comprendre au Prélat qu'en s'obstinant à conserver son siège il rendait inévitable une mesure imposée par la force des choses. Il n'avait qu'à se retirer s'il ne voulait pas être privé des collaborateurs indispensables au service des paroisses. Mgr Carmené, qui s'attendait à tout, ne fut pas ébranlé par la menace. Si un tel malheur venait à se produire, fit-il observer, il gémirait de voir son diocèse sans prêtres, mais sa conscience ne lui laissait pas même comprendre comment il avait pu provoquer une telle mesure. Il se courberait devant cette nouvelle épreuve, en laissant à Dieu le soin d'établir les responsabilités.

Cependant les trois ecclésiastiques retenus en France ne cessaient de solliciter l'autorisation de rentrer dans leurs paroisses. Les refus persistants du ministre contraignirent deux d'entre eux, enfants de la Martinique, à y retourner à leurs frais. Le troisième, européen de naissance, se retira dans sa famille. Il est inutile d'ajouter qu'en arrivant dans la Colonie, les deux exilés furent informés qu'ils étaient rayés du cadre colonial. La soumission et la fidélité à leur Evêque leur coûtaient la perte de leurs services déjà anciens. Il fut question un moment de leur interdire l'entrée de leurs presbytères, mais on eut le bon esprit de ne pas insister sur cette nouvelle atteinte à la loi.

Ces deux ecclésiastiques avaient eu connaissance, avant leur retour, d'un libelle imprimé sous la signature d'un prétendu Longin, pseudonyme derrière lequel se cachait l'auteur. Le titre seul de cette élucubration passionnée *Népotisme et Despotisme*, constituait déjà un outrage envers Mgr Carmené. Il nous est impossible, à moins de faire un livre là où nous désirons nous borner à quelques pages, d'augmenter notre travail de cette œuvre diffamatoire. Le but était de déconsidérer l'Evêque et d'exalter son ancien vicaire général. Toutefois, pour en donner une idée, nous en extrairons quelques passages. Sous la forme d'une lettre, le libelle débute ainsi :

Mon cher ami,

Vous portez un juste jugement sur notre situation religieuse, lorsque vous me dites que le cyclone qui a détruit notre île en 1891, ne vous paraît être qu'une image du cyclone moral qui ravage les âmes depuis trois ans.

Cet ouragan spirituel est d'autant plus désastreux que celui qui le tient constamment déchaîné est encouragé par quelques malheureux égarés à se croire un de ces vaillants d'Israël que leur courage et leur zèle pour les droits et la gloire de l'Eglise élèvent, à de rares intervalles, au niveau des Hilaire et des Athanase.

Vous voyez, dès ce début, que mon intention est de vous retirer de l'erreur où vous a induit la lecture de certains journaux inspirés par celui qui est ici l'organe de l'Evêché, et d'après lequel l'auteur de tout ce que souffre l'Evêque et de tout ce que nous souffrons ne serait autre que l'abbé Cudennec. Un ennemi me tend des pièges et parvient à me dépouiller de tout ce que je possède ; bientôt mon nom et le sien retentissent dans tous les recoins du pays ; le scandale est à son comble..... serait-ce moi qu'on accuserait d'en être l'auteur ? est-ce moi, le spolié, qui serais cause de ce que le spoliateur aura à souffrir des jugements du public et des tribunaux ?

Quant à Mgr Carmené, c'est un homme, qui a le malheur très grand de ne jamais revenir de son erreur, lors même qu'on lui en mettrait vingt fois sous les yeux les preuves matérielles.

Mais son malheur le plus irréparable est d'avoir fait venir près de lui un sien neveu qui est le premier auteur de tout le désordre. Ce prêtre qui ne se cache pas toujours d'avoir été admis au sacerdoce sans vocation, n'a été ordonné qu'à cause des instances de l'oncle, et sous sa responsabilité.

Devenu secrétaire de l'Evêché, et bientôt chanoine et vicaire général, ce prêtre mondain exerça sur le prélat une influence pernicieuse qui fit dégénérer un épiscopat honorable, en *ce quelque chose que nous voyons aujourd'hui et dont on ne peut trouver le nom :*

Un diocèse abandonné à la faveur et au caprice;

La supercherie couverte et consacrée par la *signature de l'Evêque* et celle des complaisants;

La liberté accordée aux adulateurs de l'autorité diocésaine, de tenir en chaire le langage le plus opposé à l'esprit de l'Evangile et le plus conforme à l'esprit de la Révolution;

Les moyens les plus incroyables d'intimidation employés pour amener les prêtres à *donner leur approbation* aux désirs et aux actes de l'oncle et du neveu;

Un Evêque irréprochable dans ses mœurs, réservant toutes ses préférences pour *les prêtres les plus décriés, sans qu'il puisse alléguer qu'il ignore le discrédit dans lequel ils sont tombés, et descendant à la ruse la plus basse,* pour se défaire de ceux qui font le plus grand honneur au diocèse;

Des mandements et d'autres écrits épiscopaux *ayant pour but, beaucoup moins d'enseigner les vérités chrétiennes que de satisfaire des haines personnelles,* et de convaincre le clergé et les fidèles que l'Evêque a raison dans toute sa conduite.

Vous ne penserez pas assurément, mon cher ami, que le moyen le plus sûr de rendre à la religion son prestige serait de poser la mitre sur le front du neveu. L'oncle cependant ne rêve que d'en faire son successeur. Voilà la source du mal,

.·.

Il y a trois ans, il dressait son plan pour atteindre son but.

Dans un discours prononcé à la cathédrale de Saint-Pierre devant son clergé réuni pour sa fête en février 1893, l'Evêque parlant de son troisième et prochain voyage *ad limina,* qui devait avoir lieu le 10 du mois de mai suivant, dit qu'il n'oublierait pas les intérêts de l'Eglise de la Martinique, et que, dans ce but, il irait aussi se présenter au Ministère, que son âge avancé lui faisait un devoir de veiller à ce que son diocèse ne fût pas, après lui, un corps sans tête, d'autant plus que sa santé pourrait s'opposer à son retour. Comme l'Evêché ne paraissait point menacé d'être supprimé, on craignit que ce zèle intempestif ne compromît ce qui ne l'était pas. Mais personne ne s'y méprenait; *ce qui inquiétait le prélat, c'était bien moins la crainte de n'avoir pas de successeur que d'en avoir un qui ne serait pas celui de son choix.* Ce qu'il désirait, c'était d'avoir son neveu l'abbé Riou comme coadjuteur avec future succession. A cette idée fixe, *il était prêt à sacrifier, comme la suite le démontra,* son repos, *son honneur, celui de la religion, et la foi de ses diocésains;* et nul ne connaîtra ses dernières années d'épiscopat sans y voir l'histoire du plus *opiniâtre despotisme* mis au service du *népotisme le plus aveugle.*

Voilà la peinture de Mgr Carméné. La passion aveugle souvent, mais il faut croire qu'elle dérange aussi l'équilibre des facultés intellectuelles et morales. L'auteur du libelle, pour glorifier l'ancien vicaire général, n'avait qu'à rappeler la carrière de cet ecclésiastique si recommandable jusque là : l'éloge aurait été suffisant. Il trouva plus facile et plus commode, de faire de l'un une victime, de l'autre un tyran abominable, et il s'inspira, peut-être, de ces élucubrations d'un autre temps où Eugène Suë, le terrible romancier, halluciné de jésuites, avait imaginé le Rodin, ce spectre des badauds de la libre pensée.

Mgr Carméné, à en croire le libelle, serait un monstre de cette nature. Et c'est un tel homme que l'Eglise de la Martinique avait à sa tête.

Encore quelques citations pour achever le portrait :

Mais je tiens à ne pas passer sous silence un fait qui vous mettra sous les yeux une exacte photographie de Mgr Carméné. C'est un trait de vigueur épiscopale peu commune, qui consistait à immoler six victimes, pour envelopper l'abbé Cudennec dans le sacrifice. Il envoya une liste de six prêtres au Gouverneur en le priant de demander au Ministre leur mise à la retraite. L'abbé Cudennec, vous l'avez compris, était un de ces six prêtres qui, tous, ne demandaient qu'à continuer leur ministère. Le Gouverneur, devinant les pensées secrètes de l'Evêque qui étaient de se délivrer de la présence du curé de la cathédrale et d'avoir des postes élevés à offrir à ses créatures, ne se fit point son intermédiaire auprès du Ministre, auquel le prélat se décida à faire lui-même, directement sa demande.

Après ce coup de maître, rencontrant l'un de ces messieurs, il lui dit : « Mon cher curé, encore un sujet d'affliction pour le cœur de votre Evêque; on veut me priver de mes meilleurs prêtres. Je crois savoir que le ministre se dispose à vous mettre, vous en particulier, à la retraite. Ce sont les jeunes prêtres qui travaillent en dessous dans un espoir d'avancement. C'est bien triste! »

Vous jugerez de l'étonnement du digne ecclésiastique qui, sans ignorer le droit qu'il avait de demander sa retraite si les infirmités l'y obligeaient après vingt-cinq ans de service, savait aussi fort bien qu'on ne pouvait pas la lui imposer.

Pour les mêmes raisons, il ne serait pas moins odieux de penser, avec certains, que le prêtre si maltraité ne serait pas étranger à la résolution du ministre de ne pas combler les vides faits dans les rangs du clergé, tant que Mgr Carméné sera à la Martinique. Il n'est personne qui ne déplore ce malheur; mais le Prélat peut-il se croire en droit de dire qu'il n'en est pas la première cause? Qu'il réfléchisse, et peut-être se demandera-t-il s'il n'y a rien de providentiel dans ce refus de confier de nouveaux prêtres à une autorité diocésaine *qui a trop laissé voir qu'elle les désire bien moins pour augmenter le nombre des ouvriers évangélistes que pour pouvoir, sans trop s'en démunir, se débarrasser de ceux des anciens qui ne se prêtent pas assez complaisamment à ses vues égoïstes; à une autorité capable* — elle l'a prouvé — *d'élever aux honneurs, au grand scandale de tous,* pour peu que son intérêt du moment le demande, *ceux qu'elle descendait hier au dernier rang des indignes.*

Arrêtons-nous. Les amis de l'ancien vicaire général n'étaient ni heureux ni habiles. Les causes défendues par de tels procédés avouent leur impuissance et se reconnaissent d'avance condamnées. Dans sa marche laborieuse l'humanité se heurte souvent à l'injustice appuyée sur la force tyrannique. Le droit et la justice ont quelquefois leurs martyrs. La vertu de ces héros du devoir suffit à leur justification et assure leur gloire, sans que leurs apologistes, pour grandir les victimes, aient besoin d'insulter les bourreaux!

La vérité est que s'il y a dans la vie plus d'une chose difficile, il n'en est peut-être pas une qui le soit plus, pour l'homme qui a gravi les sommets de la grandeur, que de savoir tomber avec dignité. L'ancien vicaire général est-il un innocent persécuté? Admettons-le pour un moment. Il semble n'avoir pas éprouvé ni même soupçonné cette force fière du droit qui succombe à l'apparence, mais qui se redresse dans la majesté de la justice outragée pour en appeler à la conscience publique impartiale. En tombant de la haute situation où l'avaient élevé des qualités incontestables et la confiance de son Evêque, entre d'autres ecclésiastiques dont le mérite, il nous pardonnera de le dire, n'avait pas à souffrir du sien, et dans l'âge où l'ancienneté des services n'avait pas encore ouvert le droit aux suprêmes honneurs, il lui coûtait, peut-être, de descendre du premier rang où il était entré de plain-pied, sans passer par le stage prolongé du temps qui consacre la supériorité. Quoi qu'il ne fît jamais parade de ses connaissances et de son titre, humble même, il subit probablement à son insu l'éblouissement des honneurs, et l'éblouissement n'avait peut-être pas cessé quand l'épreuve est venue assombrir et attrister sa belle carrière. Des amis imprudents qu'il n'eut pas le bonheur de désavouer, prononcèrent le malheureux *Delenda Carthago* d'un ressentiment que pouvait, seule, assouvir la chute de l'Evêque et de son neveu!

Tristes jours que nous regretterons toute notre vie d'avoir traversés. Car à la douleur de savoir un Prince de l'Eglise bafoué et traîné dans la fange de l'outrage et de la calomnie, se mêle l'amertume d'un chagrin inconnu, en voyant une longue et fructueuse existence sacerdotale, qu'une épreuve, à la rigueur, aurait glorieusement couronnée, s'achever et s'effacer dans le crépuscule d'une résistance impuissante et sans grandeur.

La division engendre la division, la proscription amène la proscription, disaient les auteurs de l'adresse à l'Evêque ; — aussi bien l'attaque provoque la défense et l'outrage appelle l'outrage.

Deux brochures anonymes, publiées à quelque intervalle l'une de l'autre, la première intitulée : *Un diocèse opprimé*, la seconde : *Un vicaire général fin de siècle* défrayaient la polémique locale. Toutes deux s'élevaient contre l'ancien vicaire général et l'appui que lui avaient prêté le pouvoir métropolitain. Mais dans l'une d'elles l'écrivain avait eu le tort d'employer les formes et les procédés du libelle portant pour titre : « Népotisme et Despotisme. » S'attachant surtout à l'ancien vicaire général, elle mêlait à des appréciations justes parfois des faits et des jugements où la colère n'avait pas été assez contenue, et elle avait ainsi le défaut de compliquer le débat d'accusations invraisemblables, disons le mot, contraires à la vérité.

La cause de Mgr Carmené ne pouvait souffrir de ces exagérations échappées à l'indignation, quand des prêtres, des curés, dénoncés on ne sait par qui, étaient traînés de force en France et se voyaient refuser toute justice. Parmi ces exilés, aussi bien que du côté des autres que la mesure menaçait, on comptait des ecclésiastiques déjà anciens dans le ministère et auxquels le droit à la retraite était retiré ou pouvait l'être. L'Evêque ne désapprouva pas seulement ces vivacités, il les déplora, disant très haut à tous que sa défense n'avait pas besoin de faire appel à la violence ou à l'erreur.

Les séïdes du parti contraire ne manquèrent pas de s'élever contre ces protestations tardives de quelques personnalités blessées dans leurs sentiments et atteintes, peut-être, dans leurs droits, et qui répondaient après trois ans de libres et indignes calomnies, au pamphlet inqualifiable dont une plume trempée de fiel avait essayé de salir le front vénérable de Mgr Carmené. Les partis violents ne pèchent pas d'ordinaire par excès de justice ou passion de la vérité. A entendre les amis de l'ancien vicaire général la brochure « Népotisme et Despotisme » était une œuvre de modération, appuyée sur la véracité des faits. Les réponses qu'elle avait provoquées n'étaient que de *viles brochures*, destinées à disparaître sous le mépris public.

La lutte acquit ainsi une acuité qui se traduisait en invectives contre ceux qui avaient l'audace de contredire les insulteurs de l'Evêque. Contre le vénérable chef du diocèse tout était permis ; mais personne, dans l'immense majorité d'une population dévouée à son premier pasteur, n'avait le droit de le trouver mauvais. Du côté des uns la moindre protestation était une injure ; du côté des autres les outrages les plus audacieux n'étaient que l'expression de la justice et de la sympathie due à une victime.

Dans cet ordre d'idées nous ne pouvons passer sous silence une adresse présentée par vingt-huit prêtres au Nonce ou au Ministre des Colonies. Assurément ces ecclésiastiques, qui avaient déjà eux-mêmes demandé à l'Evêque de solliciter son pardon de l'ancien vicaire général, avaient le droit de rétablir la vérité et de redresser les inexactitudes affirmées dans une des deux *viles brochures*. Mais ils sortaient des bornes de toute convenance en mettant l'Evêque en demeure, dans la plus irrespectueuse sommation, de quitter la Martinique.

Il faut retenir ce passage :

Rome ne nous a jamais blâmés. Si le tort eût été de notre côté, elle nous l'eût fait savoir depuis longtemps, ne fut-ce qu'en donnant raison à Monseigneur. Or 2° c'est tout le contraire qui a lieu, Monseigneur, (si nous nous trompons, qu'on nous démente), nous enverrons le démenti à Rome avec notre soumission. Monseigneur, disons-nous, est fixé sur ce que désire le Saint-Siège. Nous n'avons donc plus, en ce qui reste à faire, qu'à nous reposer sur la conscience d'un prélat qui sait et qui a écrit au Souverain Pontife que ses moindres désirs sont des ordres.

IGNOTUS.

Non seulement l'Evêque, seul auteur de tout le mal, selon les signataires, mais le Supérieur du Séminaire-Collège, arrivé depuis peu de temps dans la Colonie, par conséquent étranger à ces divisions, d'autres avec lui, coupables de n'avoir pas pris parti pour l'ancien vicaire général, étaient enveloppés dans une commune proscription.

Une lettre fut publiée pour produire un peu de clarté dans le chaos de ces prétentions insensées. Elle s'abstenait de toute personnalité et plaçait la question sur le terrain du droit et du devoir sacerdotal. Les clameurs s'élevèrent du camp opposé pour étouffer cette voix de la raison qui jetait sa note discordante au milieu de ces passions intolérantes.

Mgr Carmené qui jusqu'alors n'avait ni parlé, ni agi, se crut le droit au moins de connaître et de voir en face les visages de ses insulteurs. Il manda auprès de lui, individuellement et séparément, les prêtres qu'il supposait pouvoir être les signataires de l'adresse au Nonce. Quelques-uns se rendirent convenablement à son appel. Dix-neuf autres, quoique placés à des distances éloignées, se concertèrent, cependant, et arrivèrent en groupe le même jour à Saint-Pierre. Ce n'étaient pas des subordonnés suspectés d'outrages envers leur Supérieur qui venaient se justifier; c'étaient des maîtres, des juges qui se réunissaient pour faire le procès à l'Evêque et lui signifier leur sentence.

La ville les vit passer dans l'attitude qui choquait déjà toutes les consciences. Elle connut cette scène inouïe où le saint Evêque, mandé à la barre d'une troupe de révoltés, dut leur interdire sa présence. Cet événement nous a mis la plume à la main.

Tous les efforts pour descendre Mgr Carmené de son siège ayant avorté, le pouvoir civil transportait la difficulté sur le terrain diplomatique. La Crète, la Grèce, les Arméniens, l'Orient, toutes ces questions si vivaces où se jouent l'honneur et les intérêts de la France et l'honneur de l'humanité, ne troublaient pas le sommeil du ministre des Colonies. Le cauchemar, c'était cet Evêque perdu dans une petite île de la mer des Antilles, qui exigeait l'emploi de toutes les forces nationales. A bout de moyens, on se décida à s'adresser au Souverain Pontife, et l'on ne craignit pas de fatiguer et de troubler dans ses vastes entreprises, l'illustre vieillard qui domine de son intelligence et de sa sainteté les hommes d'Etat improvisés qu'il voit se débattre dans le conflit des ambitions européennes. Le remplacement de Mgr Carmené est devenu ainsi une question. On ne détrônera pas le sultan, cela est sûr, mais on poursuivra jusqu'au Vatican le renversement d'un Evêque lointain, coupable de s'être séparé d'un vicaire général. Et l'Evêque est appelé à Rome. Nous avons exposé les principaux faits de la guerre déclarée à Mgr Carmené par le ministère des Colonies, au grand plaisir d'une partie du clergé martiniquais et d'un très petit nombre d'intransigeants. Il nous reste une autre tâche. Devant le Saint-Père la question se posera au point de vue du droit avant tout. Et le droit peut se résumer ainsi : 1° Mgr Carmené pouvait-il désigner ses deux vicaires pour le représenter dans le diocèse pendant son absence ? 2° Quelle est la valeur de l'arrêté du Gouverneur par lequel cette disposition a été annulée ? 3° Mgr Carmené a-t-il fait un acte qui puisse être invoqué contre lui comme résistance au Pouvoir civil ?

VI

Avant d'examiner la première des trois interrogations, nous croyons utile de débarrasser le débat d'une considération d'un autre ordre. Même en admettant le droit pour l'Evêque de partager entre ses vicaires généraux, le mandat confié jusqu'alors à l'un d'eux exclusivement, on s'est demandé si Mgr Carmené avait agi prudemment dans cette circonstance.

A ce point de vue les appréciations restent libres. Toutefois pour décider il faut pénétrer dans le domaine de la liberté épiscopale. Si chacun peut penser ou croire que le chef du diocèse aurait mieux fait de se conformer à ce qui avait eu lieu dans le passé, personne n'avait le droit de lui demander compte de l'usage qu'il avait cru devoir faire de sa liberté dans l'exercice de son pouvoir souverain.

La discussion placée sur son véritable terrain, quels arguments de texte invoque-t-on, à l'encontre de l'Evêque, pour établir qu'en son absence comme dans le cas de la vacance du siège, les pouvoirs d'administration appartenaient, de droit, aux termes de la bulle créatrice des Evêchés coloniaux et du décret d'organisation du 3 février 1851, au plus ancien vicaire général exclusivement ?

La bulle ? En voici le texte :

C'est pourquoi, en cas de vacance du siège épiscopal, s'il n'est pas rempli par un coadjuteur avec future succession, que le plus ancien des vicaires généraux du diocèse se charge de l'administration provisoire de l'église épiscopale, usant de toutes et chacune des facultés non seulement dévolues par la coutume aux vicaires capitulaires, mais encore de toutes celles qui se trouvent déterminées dans les lettres apostoliques ci-dessus mentionnées.

La plupart de ceux qui ont lu la bulle, à l'exception des partisans de l'ancien vicaire général, ont compris que, dans le texte pontifical, la vacance du siège signifie, comme en France, le décès de l'Evêque ou la cessation de ses fonctions. Les adversaires ne l'entendent pas ainsi. La bulle, disent-ils, prévoit le décès de l'Evêque, mais le décret de 1851, qui se conforme à la bulle, assimile l'absence de l'Evêque à son décès et à toute autre cause mettant fin à sa juridiction.

Lisons maintenant le décret :

Art. 5. Pendant la vacance des sièges, *en attendant que l'organisation des chapitres cathédraux permette d'y pourvoir*, CONFORMÉMENT AUX BULLES PUBLIÉES par le décret du 18 décembre 1850, le plus ancien des vicaires généraux, dans chaque diocèse, prendra l'administration du siège vacant ; — cette disposition cessera de plein droit d'être mise à exécution s'il a été institué un évêque coadjuteur avec future succession.

Il ne faut pas perdre de vue la disposition si claire de l'article : « *En attendant que l'organisation des chapitres cathédraux permette d'y pourvoir, conformément aux bulles publiées par le décret du 18 décembre 1850, etc...*

Il est évident que l'article 5, loin d'ajouter à la bulle, s'y conforme, au contraire, comme il le dit expressément. Il est donc hors de toute discussion que le décret de 1851 en attribuant au plus ancien vicaire général l'administration du diocèse, lorsqu'il y a vacance du siège, limite cette disposition au temps durant lequel les chapitres cathédraux n'auront pas été organisés. Pourquoi cette limitation, si ce n'est parce que les diocèses coloniaux ont été organisés « conformément aux lois canoniques et civiles et autres actes appliqués en France » (art. 1er du décret). Or dans la Métropole, au décès d'un évêque ou lorsqu'il cesse ses fonctions pour une cause quelconque, ce qui est assimilable au décès, ce n'est pas le plus ancien vicaire général qui administre le diocèse jusqu'à la préconisation d'un nouvel Evêque ; c'est le chapitre, non par lui-même immédiatement, mais médiatement par la désignation d'un vicaire capitulaire, ou même, quelquefois, de plusieurs vicaires capitulaires. Les chapitres cathédraux n'ayant pas été organisés en 1851 en même temps que les évêchés coloniaux, le Saint-Siège, dans la bulle, et le gouvernement français dans le décret de 1851, ont décidé que dans le cas prévu, celui de la vacance, le plus ancien vicaire général administrera le diocèse? Le Saint-Siège et le gouvernement français ont voulu suppléer à cette lacune, et par cette désignation ils ont fermé la porte aux compétitions rivales qui auraient pu s'élever. A la mort de l'Evêque, il n'y a plus de vicaires généraux; mais s'il n'y a pas de chapitre, qui administrera le diocèse? On pourrait hésiter entre les deux vicaires généraux, on penserait peut-être à quelque membre distingué du clergé. La bulle et le décret ont coupé court à ces difficultés. Le plus ancien vicaire général a été appelé à remplacer les vicaires capitulaires désignés en France par le chapitre : il est l'administrateur anticipé du diocèse.

C'est une dérogation à l'article 1er du décret, qui organise les évêchés coloniaux comme ceux de la Métropole, mais une dérogation expresse, en tous cas limitative, et qui doit être restreinte à son objet.

Les bulles d'organisation des évêchés coloniaux et le décret de 1851 établissent donc si bien que le plus ancien vicaire général devient, de droit, administrateur du diocèse, dans le cas seulement de décès de l'Evêque ou lorsque ses fonctions viennent à cesser, que les deux textes s'accordent pour spécifier que cette désignation ne durera que le temps pendant lequel les chapitres cathédraux n'auront pas été organisés. Or, en France, lorsque les Evêques s'absentent de leurs diocèses, ce n'est pas le chapitre qui pourvoit à l'administration du diocèse; c'est l'Evêque lui-même. Il faut donc en conclure que l'exception faite pour les évêchés coloniaux ne s'étend pas au cas d'absence de l'Evêque, le droit commun métropolitain appliqué par l'article 1er du décret restant leur propre loi.

Il ne faut rien négliger dans une difficulté de cette nature où peu de personnes ont pris la peine d'étudier les textes. L'article 5 du décret de 1851 se termine par un paragraphe, reproduit de la bulle, qui décide que la désignation du plus ancien vicaire général cessera d'être la loi s'il a été institué un coadjuteur avec future succession. Il n'y a de succession grammaticalement et juridiquement qu'au décès d'une personne; en ce qui concerne un Evêque ce terme s'entend aussi, par extension, de tous les cas où ses fonctions prennent fin. Voici le texte des bulles :

Martinique. Mais comme il ne peut être érigé de sitôt, ainsi qu'il a été dit, de chapitre cathédral dans le sein duquel, toutes les fois que cet évêché sera privé, *par décès*, de son pasteur, devrait être choisi un vicaire capitulaire qui administrerait le diocèse pendant la vacance du siège, et comme le siège métropolitain de Bordeaux est à une telle distance que cette église aurait peut-être à subir les inconvénients et les préjudices les plus graves, si, dans l'intervalle, elle était administrée par l'Archevêque lui-même, voulant donc y pourvoir, nous étendons en faveur de cette église et du diocèse de Fort de France, si ce nouvel évêché vient à vaquer *avant que le chapitre cathédral ait été constitué*, la bulle de Benoît XIV, d'heureuse mémoire, notre prédécesseur, commençant par ces mots : *Ex sublimi*, donnée le 27mo jour de l'année du Seigneur 1753, pour les vicaires apostoliques qui se trouvaient dans les Indes Occidentales.

Le texte est le même pour la Guadeloupe.

Réunion : Comme, ainsi qu'il a été dit, il ne peut être érigé de *chapitre cathédral*, dans le sein duquel *chaque vacance du siège épiscopal*, devrait être choisi *un vicaire capitulaire* pour l'administration du diocèse etc. (La suite est semblable à ce qui est dit pour la Martinique et la Guadeloupe.)

La bulle est donc bien claire, et le décret du 3 février 1851 en est la reproduction intégrale. Aussi là n'est pas la difficulté. Elle commence dans le cas où l'Evêque est vivant et qu'il continue à conserver sa charge épiscopale. Que faut-il décider s'il s'absente de son siège? A la Martinique et au ministère, les canonistes improvisés pour accabler le vénérable Evêque n'ont pas été embarrassés. Non, ont-ils dit et disent-ils encore : le décret de 1851, pas plus que la bulle, ne confond l'absence avec la vacance, mais ils les assimilent, et la preuve s'en trouve dans l'article 7 du décret. Voyez plutôt : « Art. 7. Le vicaire général qui administrera le diocèse par suite *d'absence de l'Evêque ou vacance du Siège* recevra une indemnité pour frais de tournée. »

Bizarre explication! L'Evêque viendra à mourir, ce qui n'aura lieu qu'une fois, ou ses fonctions auront cessé, ce qui ne se présentera que très rarement : il a fallu un texte spécial dans la bulle, à cause de l'absence de chapitre ; mais il quittera momentanément son diocèse, comme il est arrivé plusieurs fois pour se rendre à Haïti, à Déméary, à la Guadeloupe et plus souvent en France, et la bulle est muette! Le décret garde le même silence. Voilà, certainement, une raison pour étendre la bulle et l'article 5 du décret au cas d'absence. Et l'on oublie que la bulle et le décret, décidant par dérogation à la loi métropolitaine, supposent que la vacance du Siège a lieu avant l'organisation des chapitres cathédraux, d'où la conséquence que, hors ce cas, c'est la loi métropolitaine qui doit être appliquée, puisqu'en France, lorsqu'un évêque s'absente, ce n'est pas le chapitre qui pourvoit à l'administration de son diocèse.

Le soin qu'a pris le décret, dit-on, dans l'article 7, d'indiquer qu'un vicaire général administrera par suite d'absence de l'Evêque ou vacance du siège, démontre, à n'en pas douter, que dans l'un comme dans l'autre cas, c'est un seul vicaire général qui administrera, et comme il n'y a aucune raison pour décider que ce sera le vicaire général le plus récemment pourvu de cette charge, il faut bien que ce soit le plus ancien. On oublie que l'article 7 ne s'occupe que de l'indemnité à allouer à l'un ou à l'autre pour frais de tournée. Ceux qui raisonnent ainsi perdent de vue que le décret n'a pas pu supposer qu'en s'absentant l'Evêque laissera le soin de son diocèse à un ecclésiastique quelconque, en mettant de côté ses deux vicaires généraux. Ils ne voient pas encore que l'Evêque, en voyageant, ne pourrait se faire accompagner par le plus ancien vicaire général si celui-ci doit rester pour administrer le diocèse. Mais qu'importe l'inconséquence, s'il faut, avant tout, que Mgr Carmené ait tort !

Eh bien ! Admettons pour un moment cette interprétation de l'article 7. L'article serait ainsi une addition à la bulle qui ne prévoit pas le cas. Quelle est, alors, la valeur légale de cette disposition, en face de la bulle devenue loi de l'Etat ! Entre les deux textes, l'un clair, approprié à une espèce déterminée, dénommée, reproduite littéralement dans le décret, et un texte placé incidemment dans le décret, augmentatif de la bulle au sens où l'on voudrait l'entendre, lequel appliquer ? Sous le régime de la constitution civile du clergé, il n'y aurait pas de doute ; mais nous n'y sommes plus, heureusement. La matière est régie par une bulle pontificale qui fait loi, et personne n'a le pouvoir de la modifier ou de la torturer.

A part la regrettable passion qui s'est mêlée à cette question, si simple pourtant, il y a peut-être une explication à l'erreur où se sont égarés les partisans de l'ancien vicaire général : elle consiste dans la différence, inaperçue par eux, mais fondamentale, qui sépare ces deux idées identiques dans leurs termes : l'administration du diocèse pendant la vacance du siège, cas prévu, et durant l'absence de l'Evêque, cas négligé. Au décès de l'Evêque où lorsque ses fonctions cessent, il faut un administrateur, puisque le chapitre n'est pas organisé. Les fonctions des vicaires généraux ont également pris fin. La situation est nettement dessinée. Ce n'est pas un *vicaire général administrateur* que la bulle et le décret instituent mais un *administrateur* tout court, puisant son droit et son titre en dehors de sa qualité de vicaire général, dans la bulle d'organisation, répétée dans le décret. Ses pouvoirs spirituels lui sont conférés par la bulle qui les égale aux pouvoirs attribués aux vicaires apostoliques dans la bulle de de Benoît XIV. Il devient ainsi le chef réel et indépendant du diocèse, jusqu'à la préconisation du nouvel Evêque. On voit bien là les pouvoirs de celui qui administrera pendant la vacance du siège ; où trouve-t-on ceux du vicaire général qui administrera pendant l'absence de l'Evêque? Pour le clergé, pour les fidèles, pour le gouvernement lui-même, il serait cependant utile de les définir.

On a parlé de la coutume, bien à tort à notre avis, car c'est une règle de droit public et privé au moins qu'aucune coutume si ancienne soit-elle, ne peut prévaloir entre une loi contraire et l'abroger. La coutume dans la matière qui nous occupe, n'a ni l'antiquité qui en affirmerait la puissance et la durée ni la fréquence qui la constaterait. Les évêchés coloniaux datent de 1851. Il s'est écoulé quarante-deux ans depuis jusqu'à 1893. Il serait difficile de démontrer que dans le même temps un usage commercial ou civil, constamment suivi, a pu abroger une loi positive. Or les évêques de la Martinique ne se sont pas absentés si souvent, au moins pour se rendre en Europe, que la désignation par eux faite jusqu'à 1893, d'un seul vicaire général pour les représenter puisse constituer ce que les juristes appellent un usage ancien et constant. Mgr Le Herpeur, le premier Evêque de la Martinique, ne s'est rendu qu'une fois en France durant son épiscopat. Il emmenait avec lui un de ses vicaires généraux, évidemment il ne pouvait transmettre ses pouvoirs qu'à l'autre. Mgr Porchez, qui lui a succédé, n'a pas eu le temps de faire son premier pèlerinage *ad limina*. Arrivé à la Martinique au commencement de l'année 1859, il est décédé l'année suivante. Le siège qui avait été vacant une première fois déjà au décès de Mgr Le Herpeur, l'a été pour la seconde fois à la mort de Mgr Porchez, et M. l'abbé Guesdon, premier vicaire général alors, a pris comme M. l'abbé Porchez après la mort de Mgr Le Herpeur l'administration du diocèse qu'il a conservée jusqu'en 1871, avec deux interruptions nécessitées par un premier voyage à l'ouververture du concile et peu après, en quittant le diocèse où M. l'abbé

Blanger l'a remplacé. Plus tard, en 1875, Mgr Fava a fait le voyage *ad limina*. M. l'abbé Gosse, premier vicaire général, l'a représenté. C'est le second cas à l'appui de la coutume. Dans cette même année 1875, Mgr Fava ayant été appelé à occuper le siège de Grenoble, M. l'abbé Gosse a été l'administrateur, comme l'avaient été avant lui, M. l'abbé Porchez, M. l'abbé Guesdon, M. l'abbé Blanger. Avant 1890 Mgr Carmené a fait deux voyages en Europe. Dans le premier M. l'abbé Gosse a été son délégué, le second vicaire général, M. l'abbé Cudennec était parti à la même époque. Dans le second voyage, M. l'abbé Gosse a eu l'administration comme représentant de l'Evêque, et à sa mort survenue avant le retour du Prélat, c'est M. l'abbé Cudennec qui l'a remplacé.

Ainsi, en quarante-deux ans, trois exemples. Cela suffit-il pour permettre d'invoquer ces précédents isolés et distants comme une interprétation faisant autorité, et pour attribuer à ces désignations volontaires la force d'un usage ayant force de loi et de nature à enchaîner dans l'avenir le droit et la volonté des Evêques de la Martinique?

On a peut-être pensé ainsi au Ministère. En se reportant à la correspondance entretenue sous l'Empire et depuis, soit avec les administrateurs légaux du diocèse, soit avec les vicaires généraux chargés de représenter les évêques absents, on n'y trouverait pas un appui pour l'erreur de cette interprétation : Les ministres de l'Empire et des premiers temps de la République connaissaient d'autant mieux le décret de 1851 qu'ils étaient plus près de l'époque où il a paru et qu'ils étaient tous, plus ou moins, imbus de la pensée inspiratrice de cet acte souverain. On remarque dans ces dépêches une différence essentielle dans leur adresse selon qu'elles sont destinées aux administrateurs pendant la vacance du siège ou aux vicaires généraux délégués par l'Evêque pendant son absence. En tête des premières on lit toujours : « Monsieur l'administrateur », quelquefois « Monsieur le vicaire général administrateur » ou « Monsieur le vicaire général. » Dans les autres on chercherait vainement le mot administrateur. C'est toujours « Monsieur le vicaire général ». Voilà une interprétation et une coutume auxquelles on ne peut reprocher d'avoir préparé, longtemps à l'avance, une arme pour défendre Mgr Carmené!

En partageant ses pouvoirs entre ses deux vicaires généraux l'Evêque ne contrevenait donc point à la bulle et au décret du

3 février 1851. Le droit civil et le droit commercial nous offrent souvent des exemples d'une division analogue. Le propriétaire ou le négociant qui s'absente, ne délègue pas toujours ses pouvoirs à un mandataire unique. Il partage quelquefois les responsabilités en confiant ses pouvoirs à deux ou plusieurs représentants qu'il propose chacun à une branche distincte de ses intérêts. Aucun n'agit pour son propre compte, mais pour le compte du mandant, et comme cè dernier agit par ses préposés, c'est toujours, juridiquement, l'absent qui administre sa chose. Les plus humbles employés du commerce et de l'industrie n'en sont pas à apprendre cette théorie d'une application si fréquente. Considérons à un autre point de vue le danger de cette dualité qui ferait de l'Evêque absent un étranger pour son diocèse et du vicaire général le chef réel. Ce vicaire général aurait donc tous les pouvoirs dévolus par la bulle et le décret de 1851 à l'administrateur désigné pour la vacance du siège, tous les pouvoirs conférés aux vicaires apostoliques par la bulle de Benoît XIV. L'Evêque vivant, il pourrait déplacer les curés, accorder des dispenses graves, suspendre et même, peut-être, interdire des prêtres, modifier ou renverser les institutions fondées ou approuvées par l'Evêque. Et pendant ce temps, l'Evêque, en sa qualité de chef du diocèse, règlerait avec le ministre de nombreuses questions diocésaines. Il solliciterait et obtiendrait des augmentations dans le cadre du clergé, l'autorisation pour ses fabriques d'accepter des dons ou des legs. A Rome il obtiendrait du Saint-Père des dispenses d'abstinence ou de jeûne; des brefs érigeant, à sa demande, des églises en basiliques ou fondant un pèlerinage. Partout enfin il agirait et serait traité comme l'Evêque, le chef unique de son diocèse. Se peut-il concevoir une anarchie plus grande dans une théorie si déraisonnable?

Enfin plusieurs dispositions du décret de 1851 lui-même condamnent cette interprétation. Le meilleur commentaire d'une loi, c'est la loi elle-même. Ce n'est pas dans l'article 7 seulement qu'il est parlé d'un vicaire général pour remplacer l'Evêque dans certaines circonstances. Aussi l'article 12 porte : « L'Evêque traite directement, avec le Gouverneur, des affaires de son diocèse. Il peut *déléguer un grand vicaire* pour s'entendre sur les détails du service du culte avec l'administration. » Comme on le voit le plus ancien vicaire général n'est pas désigné. — Voici maintenant l'article 14 : « L'Evêque a la faculté de se faire représenter au Conseil privé par un de ses grands vicaires *qu'il lui appartiendra de désigner*. Il pourra toujours, lorsqu'il le jugera nécessaire, se faire accompagner d'un de ses grands vicaires. »

Non seulement ces articles ne désignent pas le vicaire général plus ancien en titre, mais ils disent expressément que l'Evêque a la faculté de choisir entre ses deux vicaires généraux. Comment l'article 7 peut-il vouloir qu'en l'absence de l'Evêque il soit représenté par un seul de ces dignitaires et par le plus ancien, alors que cet article, pas plus que les articles 12 et 14, ne contient cette désignation !

Mais qu'avons-nous besoin de raisonner? Est-ce qu'un fait récent, postérieur à la mesure ordonnée par le sous-secrétaire d'Etat des colonies ne confirme pas notre opinion? Le 30 septembre 1895, Mgr Carmené se rendait en France. A ce moment l'ancien vicaire général y était depuis près d'une année, et le second vicaire général, M. l'abbé Riou, se trouvait aussi dans la métropole. L'Evêque s'absentait sans qu'aucun de ces dignitaires fût présent dans le diocèse. Le décret pas plus que la bulle n'avait prévu le cas. Est-ce un ecclésiastique désigné par le ministre des Colonies qui a eu la charge de remplacer le Prélat? L'occasion était bonne pour faire une seconde application de la théorie régalienne imaginée deux ans auparavant pour briser la décision épiscopale.

Mgr Carmené transmit ses pouvoirs à M. l'abbé Lecornu, curé de Fort de France. Ni le ministre ni le gouvernement local n'y trouvèrent à redire. On répondra peut-être que l'ecclésiastique désigné étant lui-même vicaire général honoraire et se trouvant alors seul dans la Colonie, sa désignation était précisément une interprétation conforme à l'article 7 du décret de 1851 rapproché de l'article 5 : Si le plus ancien vicaire général est lui-même absent, c'est évidemment celui qui vient après lui dans l'ordre des nominations que le décret a en vue.

M. l'abbé Lecornu était vicaire général, nous le voulons bien, mais vicaire général honoraire, titre simplement honorifique, le seul que cet éminent ecclésiastique ait jamais voulu accepter, mais qui ne lui attribuait aucune des prérogatives réservées aux vicaires généraux titulaires par la bulle et le décret de 1851. La mesure parut légale cependant. Pourquoi, à moins de deux ans d'intervalle, une attitude si différente du pouvoir civil, si ce n'est parce que l'on était forcé de reconnaître que l'absence de l'Evêque ne peut être assimilée à la vacance du siège, et que dans le domaine spirituel l'Evêque est le chef et qu'il a pleine autorité, lorsqu'il s'absente, pour choisir et désigner son représentant?

Nous nous sommes étendu sur la première interrogation afin d'en explorer tous les côtés. Notre discussion, nous le reconnaissons, n'a que la valeur d'une opinion individuelle. Nous laisserons parler l'éminent Archevêque de Bordeaux, le cardinal Lecot.

Un différend s'étant élevé entre Mgr Carmené, Evêque de la Martinique, et M. l'abbé Cudennec, alors Vicaire Général, la cause fut portée devant l'Archevêque de Bordeaux comme *arbitre*.

Il nous a paru inutile d'en rappeler les détails, puisque les décisions à intervenir sont pour les seules personnes intéressées qui connaissent tous les détails de l'affaire.

Nous nous bornons donc à poser nettement les questions qu'impose la cause, et nous donnerons pour chacune la solution de l'arbitre, avec indication sommaire des motifs sur lesquels il appuie sa réponse.

Ainsi que nous l'avons fait connaître déjà par une première lettre à Mgr Carmené et à M. l'abbé Cudennec, qui, tous deux, ont paru accepter ce mode de procéder, nous résumons l'affaire en trois questions principales, qui sont les suivantes :

PREMIÈRE QUESTION. — Les dispositions prises par Mgr Carmené dans sa lettre pastorale du 23 avril 1893, attribuant *aux deux Vicaires Généraux* l'administration déléguée du diocèse en son absence, peuvent-elles être qualifiées d'illégales ?

DEUXIÈME QUESTION. — La façon d'agir de M. le Vicaire Général Cudennec protestant contre l'ordonnance épiscopale, et prenant plus tard le titre d'*Administrateur de la Colonie*, contre la volonté de son Evêque, est-elle répréhensible ?

TROISIÈME QUESTION. — Mgr Carmené pouvait-il et devait-il retirer à M. Cudennec son titre et sa fonction de Vicaire Général, sur les seuls motifs fournis par les incidents consécutifs à l'ordonnance ?

Première Question

LES DISPOSITIONS PRISES PAR MGR CARMENÉ DANS SA LETTRE PASTORALE, ETC., ETC., ETC.

De droit commun, l'Evêque s'absentant de son diocèse peut déléguer ses Vicaires Généraux (deux ou trois), comme il arrive en France, pour administrer en son nom jusqu'à son retour.

Pour que ce droit soit enlevé aux Evêques des trois colonies, il faudrait ou une exception dans un document ayant une valeur canonique, ou un usage assez long et suffisamment autorisé pour avoir force de loi.

Le seul document, relatif aux trois évêchés, qui ait une valeur canonique, est la bulle d'institution qui est pour chacun la règle par excellence.

Or, la bulle ne dispose que pour les cas de vacance du Siège. Elle ne s'occupe pas de la façon d'administrer en cas d'absence de l'Evêque, ce qui laisse assez à supposer que le Saint-Siège n'a pas songé à modifier le droit commun pour ce cas particulier de l'absence, comme il l'avait fait pour le cas de vacance du Siège.

Toutes les analogies qu'on peut trouver entre l'*absence* et la *vacance* pour le cas particulier des Colonies, toutes les excellentes raisons qu'on peut apporter pour établir qu'on eût dû ou qu'on a dû assimiler ces deux situations ne font pas qu'on *les ait assimilées*.

Or, l'Evêque est en possession de par le droit commun : donc le seul document canonique qui soit particulier aux Colonies ne lui enlevait pas ce droit, il le conserve, et, dans la rigueur du droit, peut en user.

Mais ici, on fait intervenir comme document canonique, ou à peu près, le décret du Président de la République du 3 février 1851.

Est-il possible de reconnaître cette valeur au décret ? Oui, si le décret était antérieur à la bulle ; mais le contraire a lieu.

La bulle a précédé le décret de quatre mois, elle ne pouvait donc le reconnaître et l'approuver. Et comme, dans la suite, on ne trouve aucun document émanant de la Cour Pontificale qui ait trait à ce décret, il s'ensuit qu'il conserve simplement sa valeur de loi française, pouvant régler dans une juste mesure les intérêts temporels des Evêchés coloniaux, mais n'ayant pas qualité pour régler ou modifier des dispositions relatives aux intérêts spirituels du diocèse.

Le motif allégué pour lui donner la valeur d'un document canonique, est que Rome en a eu connaissance, et par conséquent a dû l'approuver. Mais 1° : le décret ne contenant rien de répréhensible soit au point de vue du droit commun, soit au point de vue des conventions arrêtées, Rome n'avait pas à s'en occuper autrement. Son silence prouve qu'elle n'a pas trouvé matière à protestation, comme pour la loi, par exemple, mais il n'est pas une *approbation*.

Et 2° : en supposant qu'il y ait dans ce silence de Rome une approbation tacite, ce n'est jamais que l'approbation d'une disposition civile, réglant purement et simplement des intérêts *temporels*. Or, un document de ce genre ne pourra jamais prescrire contre une loi canonique formelle.

Mais, dira-t-on, comme *loi civile*, au moins acceptée par le Saint-Siège, puisqu'elle s'est produite sans réclamation, le décret n'admet qu'un seul administrateur pendant l'absence de l'Evêque comme pendant la vacance du Siège. L'Evêque ne peut donc, sans aller contre la loi, désigner ses deux Vicaires Généraux comme chargés en son absence de l'administration tant spirituelle que temporelle de son diocèse.

Cette instance nous plaçant sur le terrain de la loi civile, nous n'avons plus qu'à examiner la valeur et l'étendue de cette loi.

Quelle est sa valeur ? C'est la valeur d'une loi civile ne pouvant rien enlever de son autorité spirituelle à l'Evêque, et par conséquent, lui ôter le pouvoir de régler l'administration spirituelle du diocèse comme sa conscience et comme l'expérience lui commandent de le faire.

Quelle est l'étendue et le sens précis du décret relativement même à l'administration temporelle du diocèse en cas de l'absence de l'Evêque ?

La réponse à cette question n'est pas sans présenter quelques difficultés.

L'article 5, en effet, est formel comme l'avait été la bulle en cas de vacance du Siège. Mais cet article, comme la bulle, garde un silence complet sur l'administration, en cas de l'absence de l'Evêque. Et, comme il faut déterminer le pouvoir de l'administrateur pendant la vacance, arrive l'article 6 qui reconnaît ces pouvoirs conformément à la bulle.

Et enfin, comme il faut songer aux frais qu'entraînera l'administration, on règle ce détail dans l'article 7, et comme les frais spéciaux de la visite canonique sont supportés aussi bien pendant l'absence de l'Evêque que pendant la vacance du Siège, on assimile les deux cas dans cet article et on garde dans sa rédaction la formule adoptée dans les articles précédents : « Le Vicaire Général qui administrera, etc. »

De ce qu'on a employé le nombre singulier dans la rédaction de cet article où il est question d'absence de l'Evêque, peut-on conclure qu'il y a eu une intention formelle d'assimiler deux cas de vacance et d'absence. Et est-il possible d'admettre qu'une chose aussi importante qu'une délimitation de pouvoirs administratifs de l'Evêque ait été ainsi réglée incidemment et d'une façon si discutable ?

Ce qui paraît absolument vraisemblable, c'est que la pensée du législateur n'a dû s'arrêter qu'à l'idée principale qui est d'attribuer l'indemnité de l'Evêque à qui le remplace et nullement à la façon dont l'Evêque serait remplacé, ce qui n'était pas en cause dans cet article.

Cependant, l'organe du Gouvernement s'est prononcé dans la discussion pendante pour l'assimilation des cas de vacance et d'absence quant au nombre des administrateurs chargés du service ou du ministère.

Il est vrai que M. le Sous-Secrétaire d'Etat aux Colonies s'est prononcé dans cette question, mais d'une façon si peu conforme à tous les procédés admis quand il s'agit de conflits entre deux pouvoirs qu'il est impossible d'attribuer une sérieuse valeur interprétative à l'acte de M. le Directeur des Colonies.

D'ailleurs, il est toujours permis d'en appeler de cet acte au Conseil d'Etat et de rester jusque là dans le doute sur le sens précis que la Haute Assemblée consultée donnerait à l'article 7 du décret.

S'il faut dire notre pensée à cet égard, nous croyons assez facilement que l'interprétation du Conseil d'Etat pourrait être favorable à M. l'abbé Cudennec, et peut-être pour cette raison que je vais indiquer.

Le pouvoir civil sera toujours porté à assimiler les cas de vacance et d'absence, parce que dans les administrations civiles les deux se confondent ou à peu près.

Lorsqu'un administrateur civil obtient un congé, en effet, il devient exempt, en général, de toute responsabilité. Il règle sa comptabilité au départ et la reprend à son retour, sans avoir à s'inquiéter si son remplaçant provisoire a géré régulièrement ou non en son absence. La personne nommée pour faire sa besogne en son absence est vraiment un remplaçant.

La situation de l'Evêque absent est-elle la même, de bonne foi, et peut-on dire que le Vicaire Général dans ce cas est le remplaçant de l'Evêque ? Non. L'Evêque absent garde la responsabilité de son diocèse et il en est toujours, par son délégué, le véritable administrateur.

Quoi qu'il en soit au point de vue de l'administration temporelle, la question peut être controversée et elle supporte évidemment la discussion, nous n'hésitons pas à le reconnaître, surtout si l'on fait intervenir la tradition comme interprète du décret.

L'usage suivi depuis l'origine, en effet, jusqu'en avril 1893, a été de nommer un seul administrateur pour le cas d'absence de l'Evêque.

Cet argument est incontestablement le plus sérieux qui puisse être présenté en faveur de la thèse soutenue par l'abbé Cudennec. Nous devons convenir qu'il nous a grandement impressionnés et qu'il faut nous souvenir que nous traitons une question de droit pour ne pas nous laisser dominer absolument par ce fait à la fois si authentique et si grave.

Les Evêques qui se sont succédé depuis 1851 à la Martinique ont été constants dans cette façon de régler les choses à leur départ.

Mais, premièrement, ce qu'ils ont fait, l'ont-ils fait pour obéir à une loi, ou bien ne l'ont-ils fait que parce qu'ils se faisaient accompagner de leur second Vicaire Général, parce que c'était le moyen d'éviter tout conflit entre deux pouvoirs rivaux, parce que c'était se rapprocher davantage de la mesure imposée en cas de vacance, ou pour tout autre motif ?

Dans ce cas, l'usage suivi, n'aurait en aucune façon, la valeur d'un acte interprétatif de la loi et par conséquent n'appuierait pas au moins d'une manière directe l'interprétation de l'article 7, telle que la donnent et le représentant de l'Etat et M. l'abbé Cudennec. De plus, l'usage ne peut être considéré ici comme ayant lui-même force de loi.

Il a à peine quarante ans de date, et il ne repose que sur huit ou dix actes conformes pendant ce laps de temps. Evidemment il n'y a pas là les éléments d'une loi, et, pour des raisons graves, il ne pouvait être défendu de se soustraire à un tel usage.

Cependant nous nous devons à la vérité et il ne nous coûte pas de reconnaître que pour rompre avec cette tradition il fallait de sérieux motifs comme auraient été, par exemple, l'incapacité notoire de l'administrateur traditionnel, son état de santé, la crainte des conflits, à peu près certains avec le Pouvoir civil, la disposition du clergé, etc., etc.

Nous n'avons pas à apprécier la sagesse ou la prudence de l'acte, mais sa légalité. Nous nous tiendrons strictement à notre rôle, nous réservant, s'il y avait lieu, d'examiner plus à fond les questions accessoires qui, par certains côtés, sont devenues capitales, et, si la chose était utile, d'en dire notre avis.

Pour aujourd'hui, nous répondrons à la première question. Les dispositions prises par Monseigneur l'Evêque de la Martinique, dans sa lettre du 27 avril 1893, ne peuvent être qualifiées d'illégales au point de vue canonique. Au point de vue civil, la discussion est permise, mais par là-même qu'il y a doute, la présomption doit être pour le pouvoir de l'Evêque, tel qu'il existe de droit commun : donc, à ce point de vue encore, la qualification d'illégales ne convient pas aux mesures prises par le vénéré Prélat.

La première partie de la sentence du vénérable métropolitain de Bordeaux nous suffit, parce qu'elle répond directement à la première et à la seconde interrogation posées dans notre travail. Mgr Lecot n'est pas moins affirmatif sur les deux autres points décidés dans sa sentence. Nous transcrivons, toutefois, une partie de la décision sur le second point.

Par une décision émanant de son autorité personnelle, M. Delcassé, alors sous-secrétaire d'Etat aux Colonies, annule les dispositions prises par Mgr l'Evêque de la Martinique au point de vue de l'administration.

Cette mesure est communiquée à M. Cudennec, que le Gouvernement déclare reconnaître comme seul administrateur.

Que fallait-il faire à cette heure si embarrassante d'un conflit qui menaçait de tout troubler?

La réponse est claire; il y avait conflit, les deux parties étaient l'Evêque de la Martinique et le Directeur aux Colonies. Il n'était pas permis au Vicaire-Général d'accepter la décision de M. le sous-secrétaire d'Etat, juge et partie dans la cause, n'ayant pas qualité en tout cas pour *annuler* un acte administratif de l'Evêque qu'il pouvait, au plus, déférer au Conseil d'Etat ; M. l'abbé Cudennec n'avait qu'un parti à prendre, celui d'en appeler à ses supérieurs ecclésiastiques contre son Evêque, tandis que Mgr l'Evêque eût pu en appeler au Conseil d'Etat contre la décision de M. Delcassé.

Il est regrettable que M. l'abbé Cudennec ne se soit pas arrêté à ce parti. Sa façon d'agir était dès lors absolument correcte, et la question de droit devait avoir par ce moyen sa solution.

Sans doute les objections à cette façon d'agir étaient nombreuses, la question demanderait du temps, le congé tout entier suffirait à peine pour arriver à une solution, et puis peut-être, se disait M. Cudennec, Monseigneur voyant l'affaire se troubler et le Gouvernement prendre cette attitude, reviendrait sur sa décision d'autrefois et rétablirait les choses comme le demandait la tradition. C'était la prière instante que l'honorable Vicaire-Général renouvelait à plusieurs reprises par lettres motivées à Mgr Carméné, soit à Paris, soit à Rome.

Entraîné par les circonstances et forcé d'ailleurs à traiter avec l'autorité civile pour les affaires temporelles, M. l'abbé Cudennec eut alors le tort de reprendre le titre d'administrateur.

A moins qu'il n'ait regardé ce titre comme lui étant dévolu par l'ordonnance même de son Evêque qui nommait *administrateurs* ses deux Vicaires-Généraux, M. Cudennec ne pouvait prendre cette qualification sur l'attribution que lui en faisait le Pouvoir Civil annulant un acte de son Evêque. C'était prendre parti dans le conflit et se placer avec le

Pouvoir Civil contre l'Autorité religieuse, attitude d'autant plus blâmable que le représentant du Pouvoir Civil avait évidemment exagéré ses droits.

Si donc M. Cudennec ne croit devoir s'appuyer que sur l'ordonnance de son Evêque pour prendre le titre d'administrateur, ainsi qu'il l'a pris dans toutes ses lettres, à partir de la décision gouvernementale, nous ne pouvons nous dispenser de reconnaître qu'il a été répréhensible en cela.

Longtemps après l'époque où cette décision magistrale avait été prononcée sur le conflit, on en publiait le texte dans un journal favorable aux partisans de l'ancien vicaire général. On ne croirait pas, si nous n'en fournissions la preuve, que les défenseurs de l'ancien vicaire général essayaient de répandre l'erreur que le vénérable métropolitain avait donné entièrement raison à M. l'abbé Cudennec. Nous donnons place à un petit article inséré dans la même feuille sous la signature caractéristique de ce pseudonyme : *Veritas*. On pourra juger de la bonne foi et de la violence des adversaires.

CONFLIT RELIGIEUX. — NOUVEAU MENSONGE.

Le clergé et plusieurs fidèles viennent de recevoir sous forme de brochure, la sentence arbitrale du Cardinal de Bordeaux au sujet du différend Carméné-Cudennec. Le journal *Les Colonies* l'a publiée, mardi dernier. Cette sentence est, nous l'avons dit dans le passé, très favorable à M. Cudennec, curé du Mouillage, comme peuvent s'en convaincre ceux qui l'ont lue ; cependant elle ne donne pas les conclusions du vénérable Cardinal. Eh bien ! nous les connaissons, nous, elles sont la condamnation directe de l'Evêque. Qu'on les publie et on verra si ce que le Métropolitain de Bordeaux conseillait à l'Evêque de la Martinique était contre M. Cudennec !

Mais voici la vérité : on a voulu publier cette sentence simplement pour trouver l'occasion de faire un *nouveau mensonge* ; il se trouve en effet dans un nota où on lit: « le 10 janvier 1895, M. l'abbé Cudennec partit pour France en congé administratif, malgré la défense formelle de Monseigneur qui ne voulait pas laisser une grande paroisse comme le Mouillage sans curé titulaire au moment du carême et du temps pascal. »

Est-il permis de mentir de la sorte ? Nous savons, nous, que M. l'abbé Cudennec est parti malgré lui en plein hiver, parce qu'il avait été averti par un ami (qui, a dû quitter la colonie, lui aussi), que l'Evêque ne se disposait à rien moins qu'à l'interdire ; jugez maintenant !!! d'ailleurs c'est l'Evêque qui a demandé pour M. Cudennec un congé administratif. Mais voici ce qui gêne l'administration épiscopale : On ne peut, d'après le droit canon, nommer un curé à un poste qui n'est pas vacant, c'est-à-dire à une cure dont le titulaire est régulièrement en congé, et l'Evêque a voulu nommer une de ses créatures, sans valeur, il est vrai. Que faire alors? Eh bien! *mentons toujours*, s'est-on dit, après celui qui a dit mentez, mentez, il en restera toujours quelque chose, et par ce moyen on trompera l'opinion publique et les autorités supérieures.

Vous vous êtes trompés, ô illustres menteurs! *La vérité se fera connaître* et vous *serez confondus* avec vos *mensonges!*

C'est de cette façon que l'ancien vicaire général était défendu.

Nous arrivons à la dernière interrogation : « Quelle est la valeur légale de l'arrêté par lequel le Gouverneur de la Martinique a annulé les dispositions prises par Mgr Carmené à son départ, en 1893, pour l'administration du diocèse? »

La discussion que nous venons d'achever donne la solution. Si le décret de 1851, pas plus que la bulle d'organisation, n'a assimilé l'absence de l'Evêque à la vacance du siège, tout ce qui a été fait dans la pensée contraire ne peut qu'être radicalement nul. Après les longs développements qui précèdent, après surtout l'irréfutable sentence du vénérable archevêque de Bordeaux, on nous permettra de ne pas insister pour établir qu'un ministre ne pouvait pas ajouter à la bulle pontificale. Nous arrêterons l'attention seulement pendant quelques instants sur l'arrêté du Gouverneur de la Martinique rapportant la décision de l'Evêque et attribuant le titre et les fonctions d'administrateur du diocèse à l'ancien vicaire général. Peu de personnes, probablement, ont lu, et un plus petit nombre encore certainement se rappellent cet acte administratif, d'où sont sorties nos déplorables divisions religieuses. L'ancien vicaire général n'a pas dû réfléchir en le lisant, et autour de lui les fanatiques qui trouvaient toute arme bonne pour avoir raison de l'Evêque, n'ont pas eu la pensée d'en contester le mérite. On nous pardonnera d'y revenir.

En portant à la connaissance de l'ancien vicaire général l'arrêté qui l'investissait des fonctions et du titre d'administrateur du diocèse, le Directeur de l'intérieur accompagnait la copie de l'arrêté de celle de deux dépêches du sous-secrétaire d'Etat des colonies. La seconde dépêche, datée de juin 1893, portait entre autres choses ce qui suit : « Le cas de l'absence de l'Evêque est assimilé à la vacance du siège; c'est la seule interprétation qu'il convient de donner à l'article 5 du décret du 3 février 1851, sur les évêchés coloniaux. S'il pouvait subsister quelques doutes à cet égard, les termes de l'article 7 du décret de 1851 suffiraient pour les dissiper. Cet article stipule en effet que le vicaire général qui administrera le diocèse par suite de l'absence de l'Evêque ou vacance du siège, recevra une indemnité spéciale pour frais de tournée. »

« En conséquence, je vous prie de confier l'administration du diocèse à M. l'abbé Cudennec, premier vicaire général. »

« Les *pouvoirs temporels* de cet ecclésiastique ne comportent par suite aucune restriction, conformément à l'article 6 du décret du 3 février 1851. »

Ainsi parle la dépêche et l'arrêté s'exprime de la même manière en répétant les ordres ministériels :

Art 1er. M. Cudennec, premier vicaire général, est chargé de l'administration du diocèse de la Martinique, pendant l'absence de M. Carméné.

Par suite les pouvoirs temporels de cet ecclésiastique ne comporteront aucune restriction, conformément à l'article 6 du décret du 3 février 1851.

Où en sommes-nous? Mgr Carméné, en quittant la Martinique en 1893, conférait surtout des pouvoirs spirituels à ses deux délégués. L'administration d'un diocèse a pour domaine les âmes. Le temporel d'un évêché comme la Martinique est à peu près inexistant. L'Evêque n'a pas de mense ; le palais épiscopal est la propriété de la colonie qui l'affecte à la résidence du Prélat. C'est un droit à usufruit ou d'habitation en dehors duquel il n'y a aucun profit. Le traitement de l'Evêque est son bien personnel ; nul n'a à y regarder. Le Séminaire-Collège et l'ouvroir sont ses œuvres particulières, son domaine privé. Les paroisses, y compris la cathédrale, possèdent un temporel, c'est-à-dire des revenus et des charges ; les fabriques en ont l'administration sous la surveillance de l'autorité religieuse et du pouvoir civil. On peut donc se demander en quoi consistaient les pouvoirs temporels transférés par le sous-secrétaire d'Etat à M. l'abbé Cudennec et auxquels il limitait son administration. Mais, en existât-il, il ne sera pas contesté que la dépêche ministérielle et l'arrêté n'ont dérogé aux dispositions épiscopales qu'au temporel seulement. Le spirituel a été respecté. Cependant, ce que le sous-secrétaire d'Etat a voulu, c'était que M. l'abbé Cudennec fût, seul, administrateur du diocèse. C'est, certainement, ce que l'ancien grand vicaire a compris, et c'est ce qu'il a été, en réalité, s'attribuant, en vertu de l'arrêté qu'il croyait conforme non seulement au décret de 1851, mais à la bulle, tous les pouvoirs, au spirituel comme au temporel. Comment a-t-il cru pouvoir les assumer, alors que l'arrêté était limitatif et que les dispositions prises par son Evêque continuaient leur effet au spirituel, rien n'ayant été changé et n'ayant pu être changé dans le partage des pouvoirs que l'Evêque avait décidé de sa pleine autorité?

A ce point de vue de grosses questions peuvent se présenter. Ce n'est assurément pas à nous d'y répondre. Quelle peut être la validité de certains actes sacramentels accomplis par l'ancien vicaire général en dehors de sa juridiction? Sans nous poser en controversiste, encore moins en canoniste, nous indiquons la difficulté comme possible : d'autres que nous sont compétents pour la résoudre.

L'arrêté, pas plus que la dépêche, n'y a pensé, probablement. Et cependant Mgr Carmené a été accusé dans ces documents administratifs d'avoir méconnu toutes les dispositions du décret du 3 février 1851 : l'arrêté avait pour but unique de rétablir la puissance de la loi!

Et c'est pour arriver à un résultat aussi incohérent, qu'on a voulu bafouer l'œuvre du vénérable Evêque de la Martinique; que le diocèse a été troublé; qu'on a jeté la division dans les cœurs; appelé le clergé à la révolte; favorisé les clameurs d'une coterie ignorante et insensée; persécuté un vieillard deux fois respectable par son caractère et par son âge; supprimé son traitement comme on fait pour un subalterne indocile; embarqué arbitrairement des prêtres coupables d'être soumis à leur Evêque, et qu'après avoir tenté de les exiler, on leur a ravi des droits acquis! Oui, c'est pour arriver à reconnaître qu'on s'est fourvoyé, que tout cela a été entrepris et exécuté avec un acharnement grandissant, et que, se voyant vaincu, on essaie de compromettre auprès du chef suprême de l'Eglise un Prélat dont le tort, pour ses ennemis, est d'avoir résisté à l'autorité civile. Lui seul a respecté la loi pourtant!

Encore une fois, voilà l'œuvre et les résultats!

M. l'abbé Cudennec a été le premier et le plus cruellement atteint par cet arrêté qui l'a complètement aveuglé. A la suite de cette mesure si regrettable et si insolite, comme Mgr Lecot l'a fait ressortir, Mgr Carmené, de la France où il écrivait, mettait sous les yeux de l'ancien vicaire général la doctrine et la vérité dans l'explication de la bulle et du décret de 1851. L'ancien vicaire général, dans une suite de lettres, respectueuses dans la forme et même avec une préoccupation visible pour des conséquences qu'il redoutait pour l'Evêque, défendait l'œuvre du pouvoir civil.

Comment, Monseigneur, écrivait-il le 28 août 1893, vous n'avez pas voulu et vous ne voulez pas, malgré tout ce que je vous ai dit, chercher à faire la lumière sur ce point capital, que le décret de 1851 nous oblige en conscience, parce qu'il est l'expression des volontés du Saint-Siège. Au contraire, vous soutenez contre le Saint-Siège et l'Etat une manière de voir que personne avant vous n'avait imaginée. Vous allez consti-tuer l'Etat défenseur des lois canoniques ! Vous allez au-devant des choses les plus pénibles.

M. l'abbé Cudennec était de bonne foi. Il était dans cette bonne foi que les théologiens définissent l'erreur invincible. Les précé-dents faisaient loi pour lui. Il crut au bon droit du pouvoir civil. Ce fut une faute ; même dans cette persuasion il aurait dû con-server plus de déférence pour l'opinion et les actes de son Evêque. Ce n'est pas nous qui le lui disons, c'est le vénérable Cardinal Archevêque de Bordeaux, son juge légal, dont il a lui-même sol-licité le jugement.

Le lecteur peut décider aujourd'hui, pièces en mains, qui, de l'Evêque ou de l'ancien vicaire général était dans la vérité.

Une dernière interrogation et nous terminons. En 1893 ou depuis, l'Evêque a-t-il contrevenu à une loi, a-t-il résisté à la puissance civile ? Qu'on nous dise d'abord à quelle loi et qu'on précise les circonstances. Mgr Carmené qui sait saint Paul par cœur, n'a pas oublié le conseil du grand apôtre : « Soyez soumis aux puissances. » Il n'a pas à se défendre d'une faute insaisis-sable.

La loi a été méconnue, certes, et à plusieurs reprises, par ceux qui, pour s'ingérer dans un domaine étranger au pouvoir civil, ont effacé d'un trait de plume un acte épiscopal fait en pleine autorité, et confondu le spirituel et le temporel. Elle a été mé-connue, lorsqu'au mépris de deux articles du décret du 3 février 1851, on a voulu enlever au diocèse des ecclésiastiques innocents et qu'on a supprimé leurs allocations et effacé leurs noms du cadre colonial. Elle a été méconnue quand on a voulu faire de l'Evêque un prisonnier, et que pour le punir de s'être échappé, on lui refuse son traitement !

Oui, dans ces diverses circonstances, on a fait bon marché de la loi, mais ce n'est pas l'Evêque !

S'il est répréhensible, comment se fait-il qu'il n'ait pas été déféré au Conseil d'Etat. On ne s'est pas montré parcimonieux de ce moyen lorsqu'on s'est trouvé en présence des prélats de la Métropole. Comment se fait-il encore, si l'Evêque avait contrevenu à une loi et résisté au pouvoir civil, qu'on n'ait cessé de lui offrir, en le pressant de se démettre, les perspectives brillantes d'une retraite bien dotée!

Nous avons fini.

Au moment où nous achevons ces pages, Mgr Carmené se dispose à se rendre à Rome pour exposer au Souverain Pontife ses actes et sa conduite. Notre espérance, nous devrions dire notre certitude est que le Saint-Père proclamera son droit et rendra une éclatante justice à son Episcopat. Pressé peut-être par les circonstances qui l'assiègent, Il demandera à Mgr Carmené de faire à l'Eglise le sacrifice de sa cause hautement triomphante. Pour l'Eglise l'Evêque de la Martinique donnerait son sang jusqu'à la dernière goutte: il n'hésitera pas et ce sera le couronnement de sa belle carrière épiscopale. Mais, quoi qu'il arrive, soit que Mgr Carmené revienne à la Martinique comme saint Athanase et saint Jean Chrysostome, soit qu'il fuie la persécution et la révolte comme saint Amand, il n'aura qu'un large et immense pardon pour tous et il bénira son diocèse où son nom vivra dans l'avenir comme le modèle vénéré de l'Evêque immolé pour son troupeau. Il nous bénira tous, et, si quelques clameurs haineuses saluent son départ comme le triomphe de l'erreur et du mal, à peine secouera-t-il la poussière de ses souliers sur le sable du rivage en laissant passer la justice de Dieu!

Saint-Pierre (Martinique), le 6 avril 1897.

10551 Paris. — Imprimerie O. Picquoin, 53, Rue de Lille.